Cómo escribir
en cada circunstancia

COLECCIÓN
LA LLAVE DE SU ÉXITO

Equipo de expertos 2100

CÓMO ESCRIBIR EN CADA CIRCUNSTANCIA

EDITORIAL DE VECCHI, S. A.

Editorial De Vecchi, S. A.
Balmes, 247. 08006 BARCELONA
Depósito legal: B. 16.623-1994
ISBN: 84-315-1253-9

Introducción

A lo largo de nuestra vida son muchas y variadas las situaciones en las que debemos apelar a la palabra escrita para comunicarnos con amigos, familiares y con personas en principio desconocidas, normalmente por motivos laborales o de estudio.

En la obra que presentamos se aborda esta problemática, tratando de incluir las más diversas posibilidades de empleo de la carta como medio de comunicación y relación entre las personas.

En primer término, se realiza una reflexión en profundidad acerca de la carta como instrumento de comunicación y de sus características técnicas y formales, proporcionando información y criterios de utilidad para todos los lectores y, en particular, para quienes no poseen demasiada experiencia en el empleo de la palabra escrita.

Sin duda, uno de los tipos de carta que con mayor frecuencia emplearemos a lo largo de nuestra vida son las habitualmente denominadas **cartas de negocios**. Debido a la multiplicidad de situaciones que pueden producirse en el mundo de los negocios y en las actividades comerciales en general, las cartas comerciales pueden tratar y referirse a la infinidad de cuestiones, problemas y hechos diversos.

Como es comprensible, esta multiplicidad de casos no puede incluirse en una obra de las características de la presente, destinada a usuarios con interés en varios tipos de carta.

En consecuencia, el tratamiento de la carta comercial que se ha elegido es el de una relación epistolar entre dos empresas, intentando abarcar en este intercambio el mayor número posible de las cuestiones más corrientemente utilizadas en el mundo de los negocios.

Complementariamente, se brindan ejemplos de otros tipos de cartas que reflejan situaciones de diversa índole que normalmente se producen en las actividades comerciales.

Un segundo tipo de cartas que podríamos situar en el marco de las actividades económicas generales de una sociedad son las **cartas de demanda de empleo**. La utilización de este tipo de carta se produce habitualmente al responder a un anuncio en el que se ofrece un puesto de trabajo para el que se solicitan candidatos con un determinado perfil profesional.

Como en el caso anterior, la variedad de actividades que encontramos en el mundo del trabajo da lugar a una infinidad de situaciones posibles que, una vez más, no podemos reflejar exhaustivamente en un libro como el que se ofrece al lector.

Por esta razón, se ha procedido a una selección de casos que encontramos con frecuencia en las páginas de anuncios clasificados de los periódicos, tratando de reflejar situaciones corrientes y de gran similitud con las que se enfrentan quienes se ven obligados a enviar una carta de demanda de empleo con el fin de obtener un puesto de trabajo acorde con sus posibilidades, capacidades o exigencias personales.

Es posible que debamos recurrir en más de una ocasión a las **invitaciones personales por carta**, una fórmula que en ciertos casos adquiere un carácter formal y, en otros, decididamente informal, según el destinatario, la circunstancia y la causa que la motive.

En el apartado dedicado a las invitaciones personales por carta se ha procurado mantener un equilibrio entre ambos tipos de situaciones, cubriendo ambas posibilidades de manera adecuada y útil para el lector.

De forma similar podríamos caracterizar las conocidas como **cartas de agradecimiento**, cuya naturaleza puede derivar de las más diversas situaciones: en algunos casos se tratará de agradecer los favores o servicios de personas que nos han ayudado generosamente pero con quienes no mantenemos una relación de amistad; en otras, se tratará de agradecimientos a amigos, familiares o conocidos a quienes nos une una relación de confianza que imprime a la carta un tono de familiaridad e informalidad. También en este apartado hemos buscado reflejar ambos tipos de situaciones, que son las que llevarán al usuario a escribir este tipo de carta.

Tan frecuentes o infrecuentes como la imprevisible aparición del amor en nuestras vidas son las habitualmente llamadas **cartas de amor**. Sin duda, esta es una materia para la que no existen recetas o manual de instrucciones posibles; tampoco existen modelos de cartas de amor.

No obstante, hasta donde ello es posible, hemos procurado reflejar en los ejemplos que se sugieren algunas de las situaciones que suelen motivarnos a escribir una carta de amor.

En este sentido, entendemos que lo más correcto es que el lector entienda estos ejemplos de cartas de amor más como una sugerencia que como una receta o modelo.

Otro tipo de carta que podemos tener necesidad de emplear son las denominadas **cartas de disculpa**, usualmente originadas por la imposibilidad de haber cumplido un compromiso previamente acordado en los términos u horarios previstos.

Si bien es cierto que en más de una ocasión bastará con hacer una llamada telefónica para disculparnos, el hecho de escribir una carta o nota breve para dejar constancia escrita de nuestra disculpa denota una mayor seriedad. Al igual que para los otros tipos de cartas, se proporcionan diversos ejemplos basados en situaciones cotidianas.

No menos usuales son las cartas que son portadoras de **los deseos de todo corazón**, empleadas habitualmente en intercambios epistolares con amigos y familiares en situaciones muy concretas de la vida de las personas. Se ha procurado reflejarlas de una manera clara y accesible al lector.

El fallecimiento de un familiar o alguien particularmente querido para alguien que conocemos es una situación lamentable y dolorosa que forma parte de la vida. Es en estos casos que se impone hacer llegar a quien pasa por tan duro trance una **carta de pésame**.

Este tipo de cartas puede presentar diversas modalidades según la capacidad expresiva y la sensibilidad de quien las escribe. No obstante, en líneas generales este tipo de carta responde normalmente a unas pautas que hemos seguido en la elaboración de los ejemplos que se presentan.

En este mismo apartado se incluye un segundo tipo de carta, las llamadas **cartas de solidaridad**, correspondientes a un intercambio epistolar mediante el cual se busca hacer llegar nuestro apoyo y ayuda a amigos y familiares que se encuentran en dificultades personales, laborales o de otro tipo.

El capítulo final de la presente obra presenta nociones básicas de gramática y de estilo, que serán de utilidad para todos los lectores con independencia de la modalidad cpistolar que las circunstancias le lleven a emplear.

1

La carta

A partir de nuestra experiencia cotidiana podemos verificar que la costumbre de escribir cartas ha perdido vigencia. Nuestro buzón se llena diariamente de sobres que no contienen cartas, sino impresos, folletos y circulares de todo tipo, muchos de los cuales imitan la caligrafía, verdadero indicio de una cierta conciencia respecto a la pérdida de una de las principales formas de comunicación entre los seres humanos.

Son muchos los factores a los que se atribuye la responsabilidad de la pérdida de vigencia de este tipo de comunicación cuya principal competencia reside en el acceso masivo de la población a los sistemas telefónicos. Sin duda, resulta paradójico que en una época como la actual, cuando los niveles de alfabetización de la sociedad occidental son los más elevados de la historia, se produzca un declive notable del ejercicio epistolar.

No obstante, las personas que están acostumbradas a escribir saben que la escritura tiene un elemento de revelación ya que este ejercicio contribuye a que se liberen aspectos ocultos de nuestra creatividad.

La escritura proporciona lucidez a quien escribe y a quien recibe el mensaje ya que nunca se escribe para nadie, ni siquiera en el caso de los diarios íntimos.

Los escritores que pretenden ser sinceros piensan siempre en un lector imaginario: puede ser alguien cercano a ellos por amistad o familiaridad, pero también puede ser un desconocido de quien se espera su comprensión, compartir su sensibilidad.

Es precisamente este elemento el que constituye la base de la carta, el factor esencial del género epistolar.

LA CARTA COMO EXTENSIÓN DE NOSOTROS MISMOS

Hasta fechas relativamente recientes la caligrafía era una sensación única, una verdadera entrega de aspectos, de rasgos personales inscritos en un papel y en el sobre, lo que constituía un reconocimiento para el receptor de la carta.

En efecto, la letra de un amigo, de un familiar lejano, de un enamorado nos transmitía la sensación de un contacto personal.

El creciente empleo de la máquina de escribir y, en la actualidad, de los ordenadores personales han atentado contra las cartas manuscritas, despersonalizando los contactos epistolares.

No obstante, existe un tipo de correspondencia que exige el empleo de estas máquinas y, en todo caso, la despersonalización del género epistolar no es sino una faceta más de una época histórica, la actual, caracterizada por el deseo de anonimato y por la masificación; en definitiva, por la despersonalización.

Estas características de la época histórica en que vivimos se notan también en detalles como el color y calidad del papel empleado. En fechas no tan lejanas, el color y calidad tanto del papel de carta como del sobre empleados distinguían a quien lo usaba.

En la actualidad, las normativas postales internacionales determinan el uso de ciertos tamaños y colores adecuados a las lecturas de las máquinas ópticas de clasificación de la correspondencia y de otros envíos postales.

A pesar de ello, no debemos desmoralizarnos antes de verter en una hoja en blanco nuestras emociones, deseos o esperanzas; conviene no olvidar que la carta sigue siendo un medio privilegiado e insustituible de comunicación, el que mejor habla de nosotros mismos.

Las cartas están impregnadas de mensajes, de interrogantes, de expectativas; son para leer y releer, para descubrir mensajes no explícitos, para tomar postura y expresar nuestro punto de vista, para protestar, para reclamar. En definitiva, escribir constituye una terapia de excepción, de comunicación con los demás y con nosotros mismos.

Es posible que más de un lector sienta en su fuero íntimo que los tiempos que corren no son los más propicios para escribir cartas. Indudablemente se encuentra en un error. No bastan los contactos personales, las conversaciones prolongadas, directas o telefónicas. Sin dejar de concederles el valor que tienen, lo más probable es que dos personas nunca lleguen a conocerse plenamente hasta que se escriban mutuamente.

Cuando parece que todo está dicho, aún queda mucho por escribir.

LA NATURALIDAD EN LA ESCRITURA

Uno de los hechos más interesantes en relación con el género epistolar es que muchos individuos escriben de una manera totalmente diferente a como hablan, dando la impresión de poseer una doble personalidad.

La escritura de una carta es solamente un sustituto de la transmisión oral de un pensamiento. Esto significa que escribir una carta consiste en llevar al papel las mismas ideas que presentaríamos a una persona si estuviéramos en condiciones de verla personalmente.

Es necesario intentar escribir de la manera más similar a como se habla, manteniendo la corrección en el uso del idioma pero sin abandonar nunca el tono personal ya que el destinatario es un semejante nuestro, sea un superior, una autoridad o un colega de profesión.

Ahora bien, esto no quiere decir que se haya de caer indefectiblemente en el exceso de confianza, de la misma manera que no damos palmadas continuamente en la espalda de nuestros interlocutores. Estamos haciendo referencia a una simpática naturalidad que nunca debe olvidarse.

De la misma manera que hacemos referencia a los peligros de caer en el exceso de familiaridad en la redacción de la carta, es posible hacer referencia a otros problemas que suelen presentarse en la aplicación de la norma de naturalidad.

En todo momento debe prevalecer la educación, incluso en circunstancias que nos pongan duramente a prueba, como puede ser el caso de las cartas dirigidas a acreedores, reclamaciones, etc.

En ningún momento debemos perder el control y, muy en especial, en la redacción de una carta ya que se trata de un documento perdurable, una constancia escrita de lo dicho. La prepotencia, el mal gusto y la falta de tacto son actitudes que debemos desechar por completo al escribir.

El extremo opuesto a estas actitudes sería lo que podemos denominar *rebuscamiento adulador*. Aun cuando lo que debamos comunicar sea desagradable, es imprescindible ser sinceros y directos. Los excesos verbales o la verborrea carente de contenido tendrán como único resultado el rechazo de quien lea la carta.

LAS REGLAS DE ORO DE LA REDACCIÓN

El lenguaje escrito tiene como fundamental diferencia respecto al lenguaje oral que este último no tiene otro límite que nuestra disponibilidad de tiempo y energías.

Bien sabemos que podemos charlar con un amigo durante toda una tarde mientras tomamos café o damos una caminata, generándose así un discurso que en páginas escritas constituiría un verdadero derroche de dinero a la hora de franquear la carta y, con toda probabilidad, la garantía de una lectura insoportable para el destinatario ya que el diálogo se ha transformado en monólogo.

De la misma manera que los lenguajes no verbales (gestos y posturas), la forma dialogada vuelve factible esos largos intercambios de información que llamamos *conversaciones*.

Por el contrario, la comunicación escrita, la carta, cuenta con un espacio limitado, lo que nos obliga a condensar unas cuantas ideas en un número determinado de hojas, lo que conlleva una preparación de lo que se va a decir.

Tres son las normas que debemos tener siempre en cuenta en la fase previa a la escritura de una carta:

—Ordenar las ideas que deseamos transmitir.
—Sintetizar los conceptos.
—Facilitar visualmente la lectura.

Naturalmente, ninguna de estas tres consideraciones contradice la norma de naturalidad a que hemos hecho referencia anteriormente. Conviene repetir que la naturalidad debe estar siempre presente en el estilo que le demos a nuestra carta, siendo importante recordar que cada medio de comunicación empleado tiene sus propias reglas y condicionantes.

LA ORDENACIÓN DE LAS IDEAS

Si en una carta presentáramos las ideas tal como van apareciendo en nuestra mente, lograríamos una exposición caótica de las mismas, lo que daría como resultado una carta de dudosa inteligibilidad y muy poco eficaz desde el punto de vista comunicativo.

Antes de ponernos a escribir hay que contar con un claro panorama de lo que deseamos transmitir al destinatario de la carta.

Cuando se trata de una correspondencia informal a un amigo, por ejemplo, una breve reflexión previa será suficiente.

Pero cuando se trata de una correspondencia formal, por ejemplo, al director de una empresa, a un cliente, a un proveedor, etc., el mejor sistema es el más clásico: proceder a elaborar un borrador de la carta.

En este borrador podremos verter nuestras ideas de manera desordenada, tal como nos vienen a la mente, para posteriormente ir organizando los contenidos de manera sistemática, de forma que logremos las mejores posibilidades de comprensión por parte del lector.

Una vez determinado el modelo de la carta procederemos a redactarla. De todas maneras, antes de darle la forma final y firmarla debemos hacer una relectura cuidadosa con el fin de mejorar al máximo nuestra expresión y quedar satisfechos y controlar todos los detalles de la misma.

LA SÍNTESIS DE LOS CONCEPTOS

Cuando hablamos de sintetizar los conceptos nos referimos a decir o escribir las mismas ideas con el menor número de palabras.

El objetivo de esta norma consiste en facilitar la lectura al receptor de la carta.

Es normal que se redacten cartas con un excesivo número de términos, dándole vueltas a un concepto con una cantidad de palabras que sobran en el texto, con lo que estamos infravalorando la capacidad de entendimiento de nuestro destinatario.

Ahora bien, también es frecuente la situación opuesta, cuando se peca por defecto, es decir, cuando al sintetizar la exposición perdemos de vista algún matiz importante de la idea que deseamos expresar.

Es probable que la falta de práctica o la inexperiencia no nos permitan realizar una síntesis adecuada; no es un problema grave ya que podemos apelar a un simple método que en poco tiempo nos habrá ayudado a conseguir esta capacidad.

Por ejemplo, cuando hayamos leído un reportaje en una revista será conveniente intentar resumirlo en pocas palabras a un allegado o, de igual forma, cuando veamos una película podemos escribir en una hoja, con el menor número de frases posibles, el contenido esencial de lo que hemos visto.

La capacidad de síntesis es una virtud no sólo de gran utilidad en la comunicación por carta sino también en muchos otros campos de actividad, como el laboral o el académico.

FACILITAR LA LECTURA DE LA CARTA

En último término, conviene plantear una consideración que para muchos puede resultar obvia pero que la experiencia nos presenta como causa de considerables desaguisados: nos referimos a facilitar visualmente la lectura.

Por una parte, hacemos referencia a un aspecto tan elemental como la caligrafía y, por otra, a la estructura de la carta y a su presentación formal.

Es indudable que el objetivo de una estructura legible es el de hacernos entender. La caligrafía es, además, un rasgo de la personalidad del individuo: los rasgos de nuestra escritura delatan nuestras fobias, nuestras virtudes y hasta nuestros deseos más ocultos. De aquí que en muchos anuncios de ofertas de trabajo se nos exija enviar una carta manuscrita.

En este sentido, un entrenamiento adecuado puede hacernos superar barreras que nos parecen infranqueables. El intento de escribir con letra clara es un ejercicio saludable que será agradecido por nuestros interlocutores postales.

Naturalmente, no se trata de imitar la relamida letra caligráfica que se enseñaba antiguamente en las escuelas, sino, sencillamente, de controlar el trazado mínimamente para que nuestras cartas resulten agradables de leer.

Se trata de un esfuerzo que vale la pena ya que es un signo de educación y respeto hacia la persona a la que dirigimos nuestra correspondencia.

Por supuesto, cuando todos los esfuerzos sean infructuosos, nos quedará el recurso de escribir a máquina o con el ordenador, pero determinadas comunicaciones escritas, como las cartas a los amigos o familiares, quedarían irremediablemente despersonalizadas.

LA ESTRUCTURA DE LA CARTA

Una carta se compone de una serie de elementos fijos que constituyen los marcos dentro de los cuales se insertan los contenidos concretos según el destinatario del escrito. Estos elementos, bien conocidos y conjugados, serán la imagen de nosotros mismos que recibirá el lector.

Los tipos de cartas posibles se engloban en dos grandes apartados: la correspondencia comercial y la correspondencia privada. Al describir los diferentes elementos estructurales nos referiremos a la carta más completa, la comercial, pues en la privada los elementos se reducen en función del grado de relación con el interlocutor. Tanto de una como de la otra presentaremos ejemplos estándar.

La estructura de una carta la forman:

—El membrete de la empresa o particular.
—La fecha del escrito.
—Los datos del destinatario.
—El tratamiento.
—El cuerpo de la carta.
—La despedida.
—La antefirma y la firma.
—La numeración de las páginas.
—El sobre.

Pasamos ahora a considerar estos elementos de manera individual.

El membrete

El membrete es el nombre o título de una persona o corporación que se coloca a la cabeza de la primera plana de la carta o impreso, en la esquina superior y a la izquierda del papel de escribir.

Su objeto es informar al destinatario de la procedencia del escrito. Puede contener los siguientes datos:

—Nombre completo de la empresa o de la persona.
—Breve identificación (por ejemplo, «Asesoría Jurídica», «Carpintería Metálica», etc.).
—Dirección (indicando calle, número, piso, ciudad o población, código postal, apartado postal, número de teléfono y de fax).
—Logotipo (cuando el remitente posee un logotipo identificativo, este forma parte del membrete).

La fecha

La fecha se coloca justo debajo del membrete, en el margen superior derecho del papel, y tiene como función informar del día en que se escribió la carta, un dato que, especialmente en el caso de la correspondencia comercial, tiene una gran importancia.

Por ejemplo, para saber con exactitud cuánto tiempo hace que un determinado cliente reclamó una mercancía.

Los datos del destinatario

Los datos del destinatario se hacen constar a continuación de la fecha, sobre el margen izquierdo del papel. Incluyen los siguientes apartados:

— Nombre del destinatario.
— Cargo en la empresa o titulación profesional.
— Dirección completa (tal como aparece en el sobre).

En algunos casos, puede hacerse una breve alusión al asunto del que trata la carta; por lo general, esta alusión suele ir precedida de la palabra **Referencia** o su abreviatura, **Ref.:**.....

El tratamiento

El tratamiento empleado al dirigirnos a nuestro destinatario depende en buena medida del grado de confianza que nos una a él. En las cartas familiares y las dirigidas a los amigos se suelen emplear fórmulas tales como «Querido hermano», «Estimado amigo», etc.

En las cartas de tipo oficial o comercial, los tratamientos pueden ser, entre otros: «Distinguido amigo», «Muy Sr. mío», «Apreciado Sr. Pérez», «Estimado cliente», etc.

El tratamiento se escribe debajo de los datos del destinatario, en el margen izquierdo del papel.

El cuerpo de la carta

El cuerpo de la carta abarca toda la extensión del papel de izquierda a derecha, aunque respetando unos márgenes de cortesía en blanco que se dejan tanto a izquierda y derecha como arriba y abajo.

El texto del cuerpo de la carta admite diversos tipos de presentación: justificado a la izquierda, es decir, cuando todo el texto queda alineado a lo largo del margen izquierdo; justificación completa, cuando se alinea el texto a lo largo de ambos márgenes.

Además, opcionalmente, cada párrafo puede separarse por una línea en blanco o se puede empezar párrafo sangrando la primera línea, es decir, dejando unos cuantos espacios en blanco antes de empezar a escribir.

Existen muchas más variaciones en la forma de presentación de un texto, pero nos hemos referido sólo a estas por ser las más habituales a la hora de redactar una carta, tanto comercial como personal.

La despedida

La fórmula adoptada en la despedida se encuentra en relación directa con el tratamiento empleado al principio de la carta.

Normalmente, las fórmulas más corrientes en cartas encabezadas por un «Muy Sr. mío» o un «Distinguido Sr. ...» son «Muy atentamente» o «Le saluda atentamente».

En el caso de existir una cierta confianza entre las partes, puede emplearse un «Un cordial saludo» o «Saludos cordiales».

Cuando se trata de cartas dirigidas a amigos o familiares la fórmula de despedida queda a la libre elección del remitente, siendo algunas de las más habituales «Un abrazo», «Muchos recuerdos», «Un fuerte abrazo», etc.

La despedida se sitúa siempre a la derecha del escrito.

La antefirma y la firma

Debajo de la despedida se escribe la antefirma y, en la línea siguiente, la firma del remitente.

La antefirma se compone del nombre completo de la persona que escribe, junto con su cargo o título profesional. Es obvio que en las cartas a amigos y conocidos no es necesario incluir la antefirma.

La firma debe hacerse siempre de puño y letra en un color discreto, negro o azul, cuando se trata de cartas comerciales. Se recomienda también firmar con pluma estilográfica o, en su defecto, rotulador de bola *(roller)*.

La numeración de las páginas

Si la carta consta de más de una hoja se deben numerar las páginas siguientes a la primera. Aunque no existe una norma concreta sobre dónde situar el número, el mejor lugar suele ser un poco más afuera del margen derecho, ya sea en el encabezamiento o al pie de la página.

El sobre

Cuando hemos terminado con la redacción de la carta, sólo nos queda escribir el texto del sobre. La dirección del destinatario debe ser escrita exactamente igual en el sobre que en la carta.

Los datos a consignar son:

— Nombre completo del destinatario.
— Cargo en la empresa (Gerente de Producción, Director de Compras, etc.).
— Nombre de la empresa (lo más adecuado es escribir el nombre de la empresa en mayúsculas; por ejemplo: ACERÍAS RÍO BRAVO, S. A.).
— Dirección completa (incluyendo calle, número, piso, código postal, ciudad o población y país, con mayúsculas, si se escribe al extranjero).

En cuanto al remite, sólo cabe decir que se han de incluir las mismas informaciones que se consignaron en el caso del destinatario. Se escriben al dorso en la parte superior, ya sean centradas o alineadas al margen izquierdo.

LOS ELEMENTOS FORMALES DE LA CARTA

El color

El color del papel para escribir cartas es siempre blanco cuando se trata de correspondencia comercial u oficial.

En las cartas a familiares y amigos todo tipo de fantasía está permitida, desde papeles de colores más o menos chillones a papeles estampados con dibujos de fondo.

La elección dependerá del gusto y de la personalidad de cada cual. Y lo mismo puede decirse del sobre, si bien aquí deberíamos consultar las normas de Correos para envíos normalizados.

Sellado y cerrado

El sello ha de ir en la parte superior derecha del sobre. En el lado contrario se pueden pegar pegatinas del tipo «URGENTE», cuando la carta se ha franqueado con la tarifa correspondiente, o «PERSONAL», cuando la carta se envía a un miembro de una empresa y no queremos que pase por el filtro de las secretarias.

Los sobres se envían siempre cerrados, a excepción de las cartas confiadas a un intermediario para ser entregadas en mano al destinatario.

El diseño del membrete

Si desea que su papel de carta profesional lleve un membrete, contrate a un buen diseñador que sabrá dar, de la manera más sencilla posible, la mejor imagen de su empresa.

Ahora bien, si por el contrario usted decide diseñar personalmente su membrete con la ayuda de su ordenador personal, es mejor olvidar las florituras que muchos usuarios de informática imprimen en sus cartas, aprovechando los recursos que esta tecnología hace accesibles.

En todo caso, un buen membrete debe reunir los siguientes requisitos básicos:

— Destacar su color sobre el del papel (desde el clásico negro sobre blanco a las más infinitas combinaciones posibles).
— Ser original, pero no extravagante (para que se identifique y recuerde fácilmente).
— Estar bien impreso sobre el papel más adecuado.
— Contener todos los datos necesarios para el destinatario.
— Mantener relación con el carácter de su profesión o ramo de actividad empresarial.

Los formatos del papel y del sobre

Los formatos habituales del papel de carta son el DIN A4 (210 × 297 mm) y el folio, ligeramente mayor.

Con respecto a los sobres, los formatos más empleados son el americano, alargado, y el estándar, de forma más cuadrada.

Por otra parte, podemos encontrar sobres engomados, que deben mojarse con agua para ser cerrados, y autoadhesivos, que se cierran por simple contacto.

El tamaño de la hoja de escribir ha de concordar con el del sobre, a fin de evitar los desagradables contorsionismos de una hoja demasiado grande para un sobre pequeño, o el absurdo de una hoja de tamaño pequeño bailando en el interior de un gran sobre.

La textura del papel

Sin duda alguna, la textura del papel de carta escogido es un elemento a tener en cuenta.

El papel fabricado solamente con madera es de mala calidad, de color grisáceo sucio, con puntos y desagradable al tacto. Por el contrario, el papel fabricado con un porcentaje elevado de trapo en su composición muestra una apariencia muy agradable.

El precio no debe ser una excusa para utilizar un papel de calidad inferior. Si se pretende dar una buena imagen en la correspondencia personal, y aún con más razón en las comunicaciones escritas de tipo comercial, no se debe dudar un instante en adquirir un papel de calidad.

En este sentido, conviene agregar que en la actualidad existen muy buenos papeles ecológicos, es decir, papel reciclado que respeta en mayor medida el medio ambiente.

La calidad del mecanografiado

La calidad del mecanografiado del texto es un elemento formal de gran importancia en la constitución de una carta.

Tanto si empleamos una máquina de escribir como si utilizamos un ordenador personal, es importante no olvidar nunca hacer una revisión del texto antes de darlo por válido, corrigiendo así faltas de ortografía y palabras mal escritas por efecto de la velocidad al escribir, además de poder afinar aún más el estilo de nuestro escrito. Como ya se ha apuntado, una carta es una forma de presentarnos a nosotros mismos y, por tanto, es imprescindible lograr que esa presentación resulte lo más correcta posible. Una carta conteniendo errores ortográficos siempre causa una impresión muy negativa en el receptor, dejándole entrever un descuido o falta de interés por parte de quien la envía al no haber corregido esos errores.

Asimismo, es importante dejar amplios márgenes en todos los lados, para no dar la sensación de que estamos economizando papel. Lo ideal en este sentido es conseguir un equilibrio armónico entre el texto escrito y los márgenes en blanco.

La labor de la escritura será más agradable y efectiva si disponemos de buenas condiciones de trabajo, tales como mesa y silla ergonómicas, ordenador o máquina de escribir en buen estado de conservación, papel adecuado, etc.

OTRAS FORMAS EPISTOLARES: TARJETAS DE VISITA Y POSTALES

La carta es un medio ideal para comunicarnos con nuestros semejantes, ya sea por motivos laborales, comerciales o simplemente por el placer de hacerle saber a un amigo o familiar el rumbo que ha tomado nuestra vida.

No obstante, existen diversas razones que a menudo nos llevan a escoger medios de comunicación escritos de contenido más breve, como es el caso de las tarjetas y las postales.

Por una parte, un factor inherente a los tiempos actuales es la falta de tiempo, derivada de la necesidad de compatibilizar el trabajo, las labores domésticas... tareas que nos dejan sin tiempo libre para dedicar a la escritura.

Por ello, las personas realmente ocupadas encuentran una excelente alternativa a la carta en la tarjeta postal, donde unas cuantas palabras hilvanadas con simpatía pueden ser una grata demostración del aprecio que sentimos por una persona.

Por otra parte, el hecho de no contar con una relativa facilidad de expresión constituye otro de los motivos que hacen que muchas personas decidan no escribir cartas. Ahora bien, en muchísimos casos no se trata de falta de facilidad de expresión sino, lisa y llanamente, de pereza.

Nadie nos pide que cuando escribamos una carta lo hagamos como un genio de la literatura; en el caso de las cartas personales, la espontaneidad es uno de los aspectos más apreciados. La práctica continuada de la escritura es la mejor escuela para desarrollar nuestra capacidad epistolar, tanto personal como comercial.

En el caso de la correspondencia comercial, existen unas pautas generales preestablecidas referidas a cada tipo de comunicación que nos facilitan la tarea. Vencer el temor ante la página en blanco debe ser nuestro objetivo en todos los casos.

A pesar de lo antedicho, entendemos que la decisión de sustituir las cartas por las tarjetas responde a una situación en la que sea excesivo enviar una carta, como puede ser en el caso de la nota que acompaña un ramo de flores, o la simple comunicación de una reunión o acontecimiento de tipo social o familiar.

A estas especiales ocasiones nos referiremos a continuación, relacionándolas con los diferentes tipos de tarjetas y postales.

La tarjeta de visita

El objetivo principal de la tarjeta de visita es el de darnos a conocer ante una persona extraña, dejar constancia del emisor de un envío o realizar alguna comunicación breve de un acontecimiento determinado.

Los datos de su propietario se imprimen siempre sobre una cartulina de un tamaño aproximado de 10×6 cm. En algunos casos el tamaño puede ser algo mayor; por ejemplo, cuando se trata de la tarjeta de una firma comercial.

Con respecto al color empleado en la tarjeta, se aconseja la elegancia del blanco para las tarjetas privadas, o en todo caso un tono ligeramente pastel.

La tinta de impresión utilizada debe ser negra o de cualquier otro color oscuro. En las tarjetas de empresas, comercios, etc., y en las profesionales puede incluirse un logotipo a todo color, si así se desea.

Los tipos de tarjetas de visita posibles son:

— Privadas, ya sean individuales o de matrimonio.
— Profesionales, tanto de autónomos como de asalariados.
— De empresa, comercio o institución.

● **Las tarjetas de visita privadas:** en estos casos, en la tarjeta sólo se consigna el nombre, apellidos y la dirección completa de la persona en cuestión sin mencionar nunca título o profesión; siendo especialmente recomendable la inclusión del número de teléfono.

Cuando la tarjeta corresponde a un matrimonio se indican en líneas sucesivas los nombres y apellidos de los cónyuges. No obstante, este orden se puede modificar de acuerdo con el criterio personal de cada matrimonio.

Las circunstancias en las que se emplean las tarjetas de visita privadas son innumerables y, por tanto, brindaremos unos pocos ejemplos a título indicativo: informar a alguien de nuestra dirección o de un cambio de domicilio; como acompañamiento de un regalo o para agradecer un regalo recibido; para dejar constancia de nuestra visita a una determinada persona que se encontraba ausente; para comunicar una reunión social; para invitar a cualquier tipo de fiesta o de celebración o para disculparse por no poder acudir; para felicitar con motivo de aniversarios, nacimientos, etc.; para informar de nuestra alegría por algún evento favorable o, en caso contrario, para hacer saber de alguna circunstancia dolorosa.

Finalmente, decir que la tarjeta enviada dentro del círculo de amistades puede contener una rúbrica debajo del nombre, e incluso un breve saludo. La tarjeta enviada con carácter oficial, o de mera cortesía a una persona que no conocemos, o sí pero muy superficialmente, no debe contener ningún signo manuscrito.

- **Las tarjetas de visita profesionales:** en este tipo de tarjetas se hace constar el nombre y los apellidos de la persona junto con la profesión o cargo que ocupa en una empresa.

La dirección, teléfono y número de fax consignados en el primer caso son los del domicilio particular, mientras que en el segundo caso ha de constar el domicilio social de la empresa. Normalmente, este tipo de tarjeta se utiliza para presentarse ante un cliente o proveedor, para adjuntar a cualquier tipo de documento enviado, etc.

- **Las tarjetas de empresas, comercios o instituciones:** en esta clase de tarjetas se incluyen el nombre de la razón social junto al logotipo correspondiente y la dirección, el teléfono y el número de fax.

El uso de estas tarjetas es similar a los señalados para el caso anterior.

Las tarjetas estandarizadas

Este tipo de tarjetas incluye a aquellas que normalmente encontramos con una ilustración o fotografía en el anverso o portada, si se trata de un díptico, y en cuya parte en blanco nosotros escribimos a mano o mandamos imprimir un determinado mensaje, generalmente para ser enviado por correo.

Los tipos más habituales son los siguientes:

— Tarjeta postal.
— Tarjeta de felicitación.
— Tarjeta navideña.
— Tarjetas de carácter religioso.

- **Las tarjetas postales:** estas tarjetas pueden ser de carácter turístico, cuando muestran una imagen de una ciudad, monumento o paisaje; o de carácter artístico general.

En el primer caso, se emplean principalmente para comunicarnos con amigos o familiares durante un viaje o unas vacaciones y en el segundo, en cualquier ocasión.

La tarjeta postal es una forma de comunicación escrita alegre y desenfadada, que en ningún caso utilizaremos para ponernos en contacto con quienes no tenemos un vínculo de tipo familiar o de amistad, ya que su objetivo básico es comunicar sensaciones y, por tanto, tiene un carácter confidencial.

El contenido escrito de una tarjeta postal debe ser lo más espontáneo posible y la mejor manera de conseguirlo es pensar que tenemos delante a la persona a la que va destinada.

En todos los casos, debemos evitar enviar una postal en la que solamente figure nuestra firma ya que al proceder de esta manera ofreceremos una sensación de frialdad y distanciamiento que no concuerda con el sentido de una tarjeta postal.

En caso de extrema necesidad, ante la falta total de «inspiración», recurriremos a alguna fórmula de saludo convencional, del tipo de: «Muchos saludos», «Un fuerte abrazo», «Recuerdos desde...», etc.

● **Las tarjetas de felicitación:** esta clase de tarjetas suele llevar ya impreso el mensaje de felicitación, normalmente de cumpleaños o del santo, junto a una ilustración alusiva.

A pesar de ello, no está de más añadir por nuestra cuenta un mensaje personal que, sin duda, el destinatario agradecerá doblemente. No resulta indicativo enviar este tipo de tarjetas estándar en el caso de acontecimientos muy señalados como bodas, bautizos, etc., ni por supuesto a personas de cierto compromiso.

● **Las tarjetas navideñas:** este tipo de tarjetas se emplea tanto en el ámbito familiar y amistoso como en el profesional, comercial y empresarial. El envío anual de este recuerdo es un signo inconfundible de buena educación por nuestra parte.

Al igual que ocurre con otro tipo de tarjetas, debemos evitar enviar esta felicitación navideña acompañada sólo de nuestra firma. Por breve que sea, siempre es aconsejable añadir un mensaje manuscrito; por ejemplo, «Con mucho afecto, deseando que pases una feliz Navidad», «Feliz Navidad y que el nuevo año colme todos tus deseos», etc.

● **Las tarjetas de carácter religioso:** por norma general, estas tarjetas suelen reproducir un grabado o una pintura de tema sacro, en color o en blanco y negro. En el dorso, o bien en el interior si se trata de un díptico, se hace imprimir el texto que nos interese.

Nunca se añade nada manuscrito, por lo que conviene asegurarnos al acudir al impresor de que el texto contiene toda la información que deseamos transmitir.

Este tipo de tarjeta es muy similar en su forma, y en muchos casos es igual, a la tradicional «estampa de santos». Con respecto a su tamaño, sus dimensiones son ligeramente superiores a las de la tarjeta de visita.

El objetivo de estas tarjetas no es sólo el de informar puntualmente de un acontecimiento, sino el de servir de permanente recordatorio, guardadas entre las páginas del misal.

Existen en tres versiones:

— Tarjetas de primera comunión.
— Tarjetas necrológicas.
— Tarjetas anunciando la ordenación de un sacerdote o la toma de hábitos de un religioso.

En la tarjeta de primera comunión es imprescindible incluir los datos siguientes: nombre del nuevo comulgante, fecha y hora de celebración de la ceremonia, y nombre y dirección de la iglesia. En ocasiones se incluye una breve oración religiosa o bien una cita bíblica.

Las tarjetas necrológicas informan de la celebración del funeral por el alma de una persona. La ceremonia del entierro y traslado de los restos mortales al cementerio se anuncia a través de las esquelas. El texto de la tarjeta necrológica suele ir encabezado por una cruz y su estructura contiene los mismos elementos que la tarjeta de primera comunión.

En cuanto a las tarjetas anunciando la ordenación de un sacerdote o la toma de hábitos de un monje, aparte de la pura información referente al nombre de la persona, junto a la fecha y lugar de la ceremonia, suelen incluir alguna cita breve de algún texto sagrado. Con respecto a la ilustración, el motivo que se emplea con más frecuencia suele ser la reproducción de un dibujo o cuadro de una virgen o un santo por el que el ordenando o novicio sienta una mayor devoción.

2

La carta de negocios correcta

Uno de los tipos de carta que con más frecuencia emplearemos es la llamada *carta comercial* o *de negocios*, intercambio epistolar que se produce entre empresas y, más específicamente, entre personas que trabajan en distintas empresas, siendo lo más corriente que una sea el cliente y la otra el proveedor.

Por este motivo, en los ejemplos que se presentan en este apartado de la obra se ha buscado proporcionar una secuencia epistolar entre dos empresas, desde el inicio de la relación entre ambas hasta que los intercambios entre las mismas se han vuelto habituales.

Finalmente, se ofrecen algunos ejemplos aislados referidos a situaciones frecuentes como es el caso de los reclamos por falta de pago, las propuestas de pagos fraccionados y otros.

Si bien estos ejemplos no cubren las infinitas situaciones posibles en el mundo de la correspondencia comercial, pueden servir de pauta general para la elaboración de cartas de negocios en distintos tipos de empresa.

RELACIÓN POR ESCRITO ENTRE DOS EMPRESAS

EJEMPLO N.º 1
Carta solicitando catálogo y lista de precios actualizada de los productos comercializados por una empresa

Cádiz, 23 de julio de 199..

Director
Departamento de Ventas
PLÁSTICOS Y DERIVADOS, S. A.
C/ Virtud, 123 (Bajos)
08034 Barcelona

Ref.: Solicitud de catálogo y lista de precios.

De mi consideración:

Tengo el gusto de dirigirme a usted con el fin de solicitarle que me hagan llegar una lista de precios y catálogo debidamente actualizados de los productos comercializados por su empresa.

Somos una empresa con más de diez años de antigüedad en la comercialización de productos plásticos y de caucho, con una amplia red de clientes en Andalucía y Extremadura.

Dado que nuestra capacidad de distribución es de una considerable envergadura en un mercado en constante ampliación, apreciaríamos que nos hicieran saber los márgenes de descuento con los que habitualmente trabajan, la rapidez del servicio de pedidos, si los precios de lista incluyen el flete así como los términos habituales de pago.

En caso de que deseen ponerse en contacto telefónico con nuestra empresa, pueden llamar al tel.: 34 56 89 y solicitar por mí o bien por el Sr. Magaña, mi asistente en el Departamento de Compras.

En el ánimo de establecer una provechosa colaboración comercial en el futuro, quedo a la espera de sus noticias.

Sin otro particular, le saluda muy cordialmente,

Juan García Fernández
Director
Departamento de Compras
FERRETERÍAS DEL SUR, S. A.
....

C/ Virgen de la Esperanza, 25-27
11403 Cádiz

EJEMPLO N.º 2
Carta acompañando el envío del catálogo y lista de precios actuales solicitados

Barcelona, 30 de julio de 199..

Juan García Fernández
Director
Departamento de Compras
FERRETERÍAS DEL SUR, S. A.
C/ Virgen de la Esperanza, 25-27
11403 Cádiz

Ref.: Envío de catálogo y lista de precios actuales.

Estimado Sr. García Fernández:

En primer término, agradecerle su carta de fecha 23 de julio así como su interés por los productos de nuestra empresa y la posibilidad de comercializarlos a través de la red de ventas de FERRETERÍAS DEL SUR, S. A. en Andalucía y Extremadura.

De acuerdo con su solicitud, me complace enviarle nuestro Catálogo General 1993 y la correspondiente lista de precios, vigente en la actualidad.

Con respecto a su consulta sobre descuentos, fletes y formas de pago habituales, paso a responderle de forma detallada cada uno de estos temas:

- Descuentos a clientes: Normalmente, nuestro descuento es de un 25 % sobre los precios de lista sin IVA. Como es natural, en la medida en que el volumen de compra del cliente se incrementa y sus pedidos son frecuentes, el margen de descuento se puede ampliar previa conversación entre ambas partes.

- Flete de los productos: Habitualmente, el flete corre por cuenta de nuestra empresa, en la medida en que se mantiene un margen de descuento del 25 % sobre el precio de lista sin IVA. Ahora bien, en ciertos casos, cuando el margen de descuento es más elevado hemos concertado con los clientes que el flete corra por cuenta del comprador. No obstante, este es un tema abierto a negociación y, como en el caso de los descuentos, vinculado al volumen de compra y a la frecuencia de los pedidos por parte del cliente.

- <u>Forma de pago habitual:</u> Nuestra empresa tiene como norma que los primeros pedidos de un nuevo cliente sean enviados contrarreembolso. Una vez que la relación con los nuevos clientes ha demostrado ser fluida y duradera, con resultados satisfactorios para ambas partes, está dentro de nuestra política comercial la de trabajar con plazos de pago de 30, 60 y 90 días.

Estos son, en apretada síntesis, nuestros criterios comerciales con respecto a las cuestiones sobre las que me solicitaba información en su carta.

Al respecto, me es grato informarle de que nuestro representante de ventas, Sr. Carlos Mansilla, realizará a comienzos del próximo mes de septiembre su gira semestral por diversas provincias de España.

He hablado con él y le he comunicado su interés por nuestros productos, de manera que se pondrá en contacto con usted o bien con el Sr. Magaña durante la primera semana de septiembre a los efectos de concertar una entrevista personal en Cádiz. Dado que llevará con él un amplio muestrario de nuestros productos, le será posible evaluar la calidad de los mismos y, naturalmente, conversar con mayor profundidad acerca de las condiciones comerciales a las que me he referido anteriormente.

Finalmente, le comunico que nuestra empresa estará cerrada por vacaciones del 7 al 31 de agosto.

Sin otro particular por el momento, le saluda muy atentamente,

Joan Petit
Director
Departamento de Ventas
PLÁSTICOS Y DERIVADOS, S. A.
....

C/ Virtud, 123 (Bajos)
08034 Barcelona

EJEMPLO N.º 3
Carta anunciando la visita del representante de ventas

Barcelona, 4 de septiembre de 199..

Sr. Juan García Fernández
Director
Departamento de Compras
FERRETERÍAS DEL SUR, S. A.
C/ Virgen de la Esperanza, 25-27
11403 Cádiz

Ref.: Entrevista personal en Cádiz.

Apreciado Sr. García Fernández:

Tengo el gusto de ponerme en contacto con usted mediante estas breves líneas para ratificar lo hablado telefónicamente con el Sr. Magaña, quien en su ausencia se encontraba a cargo del Departamento de Compras de FERRETERÍAS DEL SUR, S. A.

Dado que iniciaré mi visita a distintas ciudades de Andalucía la próxima semana, hemos concertado con el Sr. Magaña una entrevista en Cádiz para el día 23 de septiembre a las 11:00 horas. En caso de que por razones de último momento o inconvenientes que pudieran producirse durante el viaje, me resultara imposible acudir a la misma el día y hora establecidos me pondría en contacto personal con usted o el Sr. Magaña para concertar una nueva entrevista.

Si le interesara contar con muestras adicionales de algún producto en particular de los que se incluyen en nuestro catálogo, le agradecería que lo comunicara a nuestro Departamento de Ventas durante la semana en curso ya que el próximo lunes dejaré la ciudad para iniciar mi visita a otras provincias.

De acuerdo con el Sr. Joan Petit, Director de nuestro departamento, hemos creído conveniente incluir en el muestrario que llevaré conmigo algunos productos que saldrán al mercado a comienzos del año próximo y que entendemos puede ser de su interés comercializar en exclusiva. En todo caso, podremos hablar en profundidad de este tema durante nuestra entrevista en Cádiz.

Sin otro particular por el momento, lo saluda,

Carlos Mansilla
Representante de Ventas
Departamento de Ventas
PLÁSTICOS Y DERIVADOS, S. A.
....

C/ Virtud, 123 (Bajos)
08034 Barcelona

EJEMPLO N.° 4
Carta comentando la visita del representante de ventas y efectuando el primer pedido

Cádiz, 30 de septiembre de 199..

Sr. Joan Petit
Director
Departamento de Ventas
PLÁSTICOS Y DERIVADOS, S. A.
C/ Virtud, 123 (Bajos)
08034 Barcelona

Ref.: Visita del Sr. Mansilla; realización del primer pedido.

Estimado Sr. Petit:

En primer lugar, reciba usted un cordial saludo. Como ya le habrá anticipado el Sr. Mansilla, con quien tuve el gusto de mantener una provechosa conversación el día 23 de septiembre, estamos particularmente interesados en la comercialización de los productos incluidos en el Catálogo General de PLÁSTICOS Y DERIVADOS, S. A.

Hemos analizado cuidadosamente el muestrario que nos presentó el Sr. Mansilla y observamos que la relación calidad-precio de los productos de su empresa es inmejorable.

Por otra parte, las condiciones de trabajo que nos formuló su Representante de Ventas nos parecen adecuadas y comercialmente convenientes, razón por la cual hemos decidido establecer una vinculación comercial con PLÁSTICOS Y DERIVADOS, S. A., que mucho deseamos resulte duradera y beneficiosa para ambas partes.

Con respecto a la oferta de comercializar en exclusiva para Andalucía y Extremadura mediante nuestra red de puntos de venta la nueva línea de productos que su empresa lanzará al mercado durante el primer trimestre del próximo año, es del mayor interés para nuestra empresa concretar esta posibilidad. Para ello tengo el propósito de trasladarme a Barcelona con el fin de poder hablar personalmente con usted y formalizar lo conversado con el Sr. Mansilla. Como fechas posibles para este viaje, le propongo las siguientes alternativas: en el mes de diciembre, antes del día 20; o bien en enero, con posterioridad al día 9. Le agradecería que me diera su opinión al respecto para fijar la fecha definitiva de mi viaje.

Adjunto a la presente le hago llegar nuestro primer pedido, sujeto a las condiciones y plazos de pago acordadas con el Sr. Mansilla. Cualquier comentario al respecto, le agradecería que me lo comunicara con la mayor brevedad posible.

Sin otro particular, le saluda muy cordialmente,

Juan García Fernández
Director
Departamento de Compras
FERRETERÍAS DEL SUR, S. A.
....

C/ Virgen de la Esperanza, 25-27
11403 Cádiz

EJEMPLO N.º 5
Carta comentando el primer pedido y la próxima visita de un cliente

Barcelona, 6 de octubre de 199..

Juan García Fernández
Director
Departamento de Compras
FERRETERÍAS DEL SUR, S. A.
C/ Virgen de la Esperanza, 25-27
11403 Cádiz

Ref.: Envío primer pedido; próxima visita a Barcelona.

Apreciado Sr. García Fernández:

Acuso recibo de su amable carta y pedido de fecha 30 de septiembre del corriente año, y paso a responderla.

En primer término, agradecerle el primer pedido de nuestros productos por parte de FERRETERÍAS DEL SUR, S. A. y compartir nuestro más sincero deseo de que la vinculación comercial que iniciamos con su empresa resulte, como usted bien dice en su carta, duradera y beneficiosa para ambas partes.

Como ya le manifestara el Sr. Carlos Mansilla durante la entrevista personal que mantuvieron en Cádiz, nuestra actual política de ventas se orienta principalmente a contactar con empresas de distribución de fuerte implantación en las provincias y regiones donde operan, como es el caso de FERRETERÍAS DEL SUR, S. A., en Andalucía y Extremadura.

Al respecto, el Sr. Mansilla regresó a Barcelona gratamente impresionado por la envergadura y capacidad de ventas de FERRETERÍAS DEL SUR, S. A. en las comunidades autónomas de Andalucía y Extremadura. Me ha transmitido su entusiasmo por las grandes posibilidades de colaboración comercial que pudo extraer de la conversación con usted y, en este sentido, espero con entusiasmo su próxima visita a Barcelona. Además de tratar las cuestiones específicas de la representación en exclusiva de nuestros productos, me complacería hacerle conocer las instalaciones de nuestra planta en el Polígono Industrial de Sant Cugat del Vallès, uno de los más modernos de España.

En cuanto a la fecha más adecuada para su visita, creo que la segunda de las alternativas que menciona en su carta es la más adecuada, es decir, en enero, con posterioridad al día 9. Como usted bien sabe, el período previo a las celebraciones de Navidad y Reyes es particularmente complicado y lleno de imprevistos, en especial en el Departamento de Ventas. Por tanto, a partir del día 9 de enero dejo a su elección la fecha precisa de su visita. Si viaja en avión, le agradecería que me hiciera saber la fecha y hora exacta de su llegada para, con el mayor gusto, recogerlo en el aeropuerto de Barcelona.

Finalmente, informarle de que a comienzos de la presente semana hemos enviado el pedido solicitado de acuerdo con los términos convenidos mediante LA EXACTA, nuestro transportista habitual. Si hubiera algún problema en cuanto a las condiciones de llegada de los productos, le agradecería que me lo hiciera saber con la mayor brevedad posible.

Normalmente, no tenemos mayores inconvenientes en relación con el transporte pero dado que las mercancías con destino al sur de España son redespachadas en Madrid, pueden producirse algunos deterioros debidos a la manipulación de los embalajes.

Para concluir, deseo hacerle llegar un muy cordial saludo con la esperanza de que nuestros productos sean bien recibidos por los clientes de su empresa.

Cordialmente,

> Joan Petit
> Director
> Departamento de Ventas
> PLÁSTICOS Y DERIVADOS, S. A.
> ....

C/ Virtud, 123 (Bajos)
08034 Barcelona

EJEMPLO N.º 6
Carta comentando la recepción del pedido

Cádiz, 10 de octubre de 199..

Sr. Joan Petit
Director
Departamento de Ventas
PLÁSTICOS Y DERIVADOS, S. A.
C/ Virtud, 123 (Bajos)
08034 Barcelona

Ref.: Recepción pedido Nº 2345/93.

Estimado Sr. Petit:

En primer lugar, le hago llegar un cordial saludo y acuso recibo de su amable carta de fecha 6 de octubre.

En la mañana de hoy hemos recibido las mercancías correspondientes a nuestro pedido nº 2345/93. En este sentido, le hago saber que a pesar de advertirse algunos golpes y deterioros superficiales en las cajas que contienen los productos solicitados, la buena protección de las piezas que componen la partida ha hecho posible que ninguna de ellas presentara deterioro alguno. Por lo demás, el transporte ha actuado de manera rápida y eficiente.

En cuanto a sus comentarios acerca de mi próximo viaje a Barcelona, le agradezco su amabilidad al ofrecerse a recogerme en el aeropuerto de esa ciudad. En efecto, debido a las consabidas limitaciones de tiempo pienso viajar en avión, de manera que le haré saber exactamente el día y hora de mi llegada.

Por otra parte, deseo comunicarle mi gran interés por conocer las instalaciones de su planta en el Polígono Industrial de Sant Cugat del Vallès, cuyas excelencias son ampliamente conocidas por quienes actuamos en el mundo empresarial.

En una próxima comunicación le haré saber la evolución de las ventas de los productos de PLÁSTICOS Y DERIVADOS a través de nuestra red de ferreterías, evolución que mi experiencia en el ramo me lleva a pensar que será notablemente positiva.

Sin otro particular por el momento, reciba mis saludos más cordiales.

Juan García Fernández
Director
Departamento de Compras
FERRETERÍAS DEL SUR, S. A
....

C/ Virgen de la Esperanza, 25-27
11403 Cádiz

EJEMPLO N.º 7
Carta comentando el éxito de ventas del producto y efectuando un segundo pedido

Cádiz, 21 de octubre de 199..

Sr. Joan Petit
Director
Departamento de Ventas
PLÁSTICOS Y DERIVADOS, S. A.
C/ Virtud, 123 (Bajos)
08034 Barcelona

Ref.: Evolución de ventas y pedido Nº 3423/93.

Apreciado Sr. Petit:

Tal como le comentaba en mi anterior carta de fecha 10 del corriente mes, cumplo en informarle de la evolución de las ventas de los productos de PLÁSTICOS Y DERIVADOS a través de nuestra red de puntos de venta en Andalucía y Extremadura.

Si bien mi experiencia en el ramo me llevaba a pensar que dicha evolución sería muy positiva, los resultados de nuestra campaña de presentación han excedido nuestras más optimistas previsiones. Aprovechando la nueva normativa autonómica que permite la apertura de comercios durante los fines de semana y días festivos, organizamos una campaña de presentación de los productos de PLÁSTICOS Y DERIVADOS coincidiendo con la festividad del 12 de octubre. Como le digo, nuestras previsiones han sido ampliamente superadas ya que hemos agotado las existencias en menos de una semana. Tengo la certeza de que la presente no podría ser portadora de mejores noticias.

Por esta razón, nos apresuramos a realizar nuestro segundo pedido, nº 3423/93, que adjunto a estas líneas.

Quedo a la espera de sus comentarios. Sin más, lo saluda muy atentamente,

Juan García Fernández
Director
Departamento de Compras
FERRETERÍAS DEL SUR, S. A.
....

C/ Virgen de la Esperanza, 25-27
11403 Cádiz

EJEMPLO N.° 8
Carta acompañando el pago correspondiente a la primera factura

Cádiz, 29 de octubre de 199..

Sr. Joan Petit
Director
Departamento de Ventas
PLÁSTICOS Y DERIVADOS, S. A.
C/ Virtud, 123 (Bajos)
08034 Barcelona

De mi consideración:

Por indicación del Sr. Juan García Fernández, Director del Departamento de Compras, cumplo en adelantar el pago correspondiente a la Fra. nº 23678/93, de PLÁSTICOS Y DERIVADOS, S. A., como resultado de la favorable evolución del ritmo de las ventas de sus productos a través de nuestra red de puntos de venta.

De acuerdo con las indicaciones del Sr. García Fernández, adjunto talón de la Caja de Ahorros de las Marismas, serie FM, nº 34567890 H, por un importe de Ptas. 2.456.908.- (dos millones cuatrocientas cincuenta y seis mil novecientas ocho) a favor de PLÁSTICOS Y DERIVADOS, S. A.

En caso de que considere más conveniente realizar los pagos mediante otro mecanismo le agradecería que me lo comunicara por escrito y así poder atender los pagos futuros según la modalidad que les resulte más adecuada.

Quedo a la espera del recibo de pago correspondiente y le saludo muy cordialmente,

Ángel Guerra Sanjinés
Director
Departamento de Contabilidad
FERRETERÍAS DEL SUR, S. A.
. . . .

C/ Virgen de la Esperanza, 25-27
11403 Cádiz

EJEMPLO N.° 9
Carta acompañando el recibo correspondiente al pago de una factura

Barcelona, 4 de noviembre de 199..

Sr. Ángel Guerra Sanjinés
Director
Departamento de Contabilidad
FERRETERÍAS DEL SUR, S. A.
C/ Virgen de la Esperanza, 25-27
11403 Cádiz

Estimado Sr. Guerra Sanjinés:

En respuesta a su carta de fecha 29 de octubre del corriente año, cumplo en hacerle llegar el recibo correspondiente al pago de la Fra. nº 23678/93, realizado mediante talón nominativo a la orden de PLÁSTICOS Y DERIVADOS, S. A., de la Caja de Ahorros de las Marismas (Serie FM, nº 34567890 H), por un importe de Ptas. 2.456.908.- (dos millones cuatrocientas cincuenta y seis mil novecientas ocho).

Habiendo consultado con la responsable del Departamento de Contabilidad de PLÁSTICOS Y DERIVADOS, S. A., Srta. Núria Valls Formiguera, acerca de la forma más adecuada para efectuar los pagos, me ha sido indicado que les solicite los realicen mediante transferencia bancaria a la cuenta corriente del Banc Català d'Estalvis cuyas señas indico a continuación:

Titular de la cuenta: PLÁSTICOS Y DERIVADOS, S. A.
Entidad: BANC CATALÀ D'ESTALVIS
Nº de entidad: 34567
Sucursal: Paseo Montserrat, 23 - 08034 Barcelona
Nº de agencia: 234
Cuenta Corriente: 234567-90-23

Sin otro particular, le saluda,

Jaume Aymerich Serra
Jefe de Cuentas Corrientes
PLÁSTICOS Y DERIVADOS, S. A.
. . . .

C/ Virtud, 123 (Bajos)
08034 Barcelona

EJEMPLO N.º 10
Carta respondiendo a los comentarios acerca del éxito de ventas de los productos de una empresa

Barcelona, 6 de noviembre de 199..

Sr. Juan García Fernández
Director
Departamento de Compras
FERRETERÍAS DEL SUR, S. A.
C/ Virgen de la Esperanza, 25-27
11403 Cádiz

Ref.: Evolución de ventas y pedido Nº 3423/93.

Apreciado amigo:

Me es muy grato acusar recibo de su carta de fecha 21 de octubre del corriente año, portadora de excelentes noticias, así como del pedido nº 3423/93 de FERRETERÍAS DEL SUR, S. A.

Como podrá usted imaginar, sus comentarios acerca del notable éxito de ventas de los productos de PLÁSTICOS Y DERIVADOS, S. A. a través de su red de puntos de venta nos han llenado de alegría y entusiasmo. He transmitido estas noticias a los miembros-propietarios de la empresa, quienes se han mostrado muy satisfechos y me han solicitado que le haga saber que estarán complacidos de mantener una reunión con usted durante su visita a Barcelona en el próximo mes de enero.

Es evidente que las perspectivas de profundizar en nuestras futuras relaciones comerciales son inmejorables, razón por la cual procuraremos actuar de la manera más coordinada y eficiente posible a los efectos de lograr los mejores resultados en nuestra acción conjunta. Espero con gran interés su próxima visita para tratar con mayor detalle estos y otros temas de cara a nuestra relación en el futuro.

Finalmente, deseo hacerle saber que el pedido nº 3423/93 de FERRETERÍAS DEL SUR, S. A. ha sido despachado esta mañana por el medio habitual.

Reciba usted un cordial saludo de su amigo,

Joan Petit
Director
Departamento de Ventas
PLÁSTICOS Y DERIVADOS, S. A.
....

C/ Virtud, 123 (bajos)
08034 Barcelona

OTROS EJEMPLOS DE CARTAS COMERCIALES

EJEMPLO N.º 11
Reclamación por falta de pago de una factura

Barcelona, 23 de enero de 199..

Sr. José María Cubiertas
Departamento de Contabilidad
GRÁFICAS GERRI, S. L.
Pº de la Castellana, 23 (7º 4ª)
28023 Madrid

Ref.: N/ Fra. Nº 23489/92.

Apreciado Sr. Cubiertas:

Me dirijo a usted con el fin de transmitirle nuestra inquietud con respecto a la demora en el pago de nuestra factura nº 23489/92, de fecha 29 de mayo de 1992, por un importe de Ptas. 490.345.- (cuatrocientas noventa mil trescientas cuarenta y cinco), cuyo pago estaba previsto para finales del mes de agosto.

Como usted comprenderá, una demora de este tipo en el pago de un importe como el referido nos afecta notablemente debido a la envergadura de nuestra capacidad económica. Como usted, somos conscientes de las dificultades que atraviesan en este momento las empresas pequeñas y medianas y hemos hecho todo lo posible según nuestras posibilidades para dilatar el pago de la mencionada factura.

A pesar de ello, hasta el momento no hemos recibido una propuesta alternativa de pago por su parte. En este sentido, dado que nos encontramos en una situación especialmente comprometida, mucho le agradeceríamos nos hiciera llegar sus comentarios al respecto.

Sin otro particular, le saluda muy cordialmente,

Mª Jesús Rodríguez Palma
Depto. de Contabilidad
PRODUCTOS FOTOGRÁFICOS, S. A.
. . . .

C/ Industria, 345
08023 Barcelona

EJEMPLO N.º 12

Respuesta haciendo referencia a las dificultades de la empresa y proponiendo el pago fraccionado de una factura

---

Madrid, 28 de enero de 199..

Dª Mª Jesús Rodríguez Planas
Departamento de Contabilidad
PRODUCTOS FOTOGRÁFICOS, S. A.
C/ Industria, 345
08023 Barcelona

Ref.: Pago Fra. Nº 23489/92.

De mi consideración:

En primer término, reciba usted mis más respetuosos saludos así como el acuse de recibo de su carta de fecha 23 de enero del corriente año.

Deseo que acoja usted mis más sinceras disculpas por la situación que se ha generado en torno al pago de la Fra. nº 23489/92 de PRODUCTOS FOTOGRÁFICOS, S. A., de fecha 29 de mayo de 1992 y por un importe de Ptas. 490.345 (cuatrocientas noventa mil trescientas cuarenta y cinco).

Comprendo perfectamente la inquietud de su empresa así como las dificultades que para la misma derivan de esta demora. No se trata, se lo aseguro, de una demora voluntaria. Todo lo contrario. Como seguramente sabe, la situación en que nos encontramos las empresas que operamos en el ramo de la publicidad es verdaderamente patética. Los impagos son innumerables y nuestra capacidad financiera para soportarlos es muy reducida. De la perversa naturaleza de este circuito económico en el que destacan los impagos de los organismos públicos y de la administración, nuestros principales clientes, deriva esta demora en el pago de su factura.

No obstante, a pesar de la gravedad de la situación comenzamos a cobrar de nuestros clientes con una cierta regularidad. Por este motivo, alejado el fantasma de la quiebra que en no pocos momentos parecía haberse instalado en nuestra empresa, en virtud de la antigua relación comercial que mantenemos con PRODUCTOS FOTOGRÁFICOS, S. A., le agradecería que aceptaran nuestra propuesta de realizar cuatro pagos mensuales de Ptas. 122.586.- (ciento veintidós mil quinientas ochenta y seis) hasta completar el pago total, efectuando el primero de los mismos el día 15 de febrero.

Sin otro particular y quedando a la espera de sus noticias, le saluda muy atentamente,

José María Cubiertas
Departamento de Contabilidad
GRÁFICAS GERRI, S. L.
....

Pº de la Castellana, 23 (7º 4ª)
28023 Madrid

EJEMPLO N.º 13

Carta solicitando aclaración por factura telefónica inusualmente elevada y con irregularidades en su confección

Alcalá de Henares, 24 de julio de 199..

Sr. José Ramón de la Morera
Director
Departamento de Reclamaciones
REAL SOCIEDAD DE TELÉFONOS, S. A.
C/ San Bernardo, 24
28012 Madrid

Ref.: Irregularidades en la Fra. 098-K789068-33345-G.

Muy Sr. mío:

Con fecha 20 de julio de 1993 hemos recibido la Fra. 098-K789068-33345-G de la REAL SOCIEDAD DE TELÉFONOS, S. A., con fecha de emisión 01-07-1993, a nombre del titular COMPAÑÍA GENERAL DE LAS INDIAS OCCIDENTALES, S. A., con domicilio en la calle Palacios, 34 de Alcalá de Henares, Madrid, con Número de abonado: 345-78-90, DNI/CIF: A-67890567-J, por un importe total de Ptas. 1.456.789.- (un millón cuatrocientas cincuenta y seis mil setecientas ochenta y nueve).

El monto de la factura es inusualmente elevado y la confección de la misma presenta notables irregularidades. Realizada una verificación de facturas anteriores y consultada la situación con nuestros abogados así como con la Oficina de Defensa del Consumidor, creemos estar en nuestro derecho y en nuestro deber de hacerle llegar la presente carta reclamando de usted una pronta aclaración de las irregularidades contenidas en la mencionada factura, cuya fotocopia adjunto.

Desde la instalación de la línea telefónica referida, con fecha 23 de agosto de 1989, cuando comenzamos nuestras actividades comerciales en la ciudad de Alcalá de Henares, provincia de Madrid, el importe medio de las facturas correspondientes al uso de la línea telefónica se sitúa en una media de Ptas. 85.435.- (ochenta y cinco mil cuatrocientas treinta y cinco), cifra que contrasta notablemente con la de la factura de referencia.

Por otra parte, en el desglose de llamadas internacionales se incluyen una serie de llamadas a Birmania que nunca hemos realizado. Nuestras únicas llamadas y fax internacionales son con Jamaica, que es donde se encuentran nuestros principales proveedores.

Otra manifiesta irregularidad corresponde al llamativo incremento de las cuotas de abono. En la factura anterior a la que motiva la presente, la cuota de abono por una línea individual es de Ptas. 2.400.- (dos mil cuatrocientas) por bimestre en tanto que en la Fra. 098-K789068-33345-G la cuota de abono por igual período de tiempo se incrementa a Ptas. 4.800.- (cuatro mil ochocientas). Dado que no hemos recibido notificación alguna por parte de su empresa acerca de un incremento del 100 % en las cuotas de abono le agradecería que procediera a brindarnos una explicación acerca de esta cuestión.

Finalmente, encontramos un gravísimo error en la aplicación del IVA: en la factura se indica que el IVA aplicable es del 15 % sobre el total de importes pero la cifra correspondiente al IVA no constituye el 15 % de los importes sino el 22 % sobre el total de los mismos. Nuevamente, agradeceríamos una explicación al respecto.

Como usted comprenderá, no procederemos a abonar la mencionada factura hasta tanto hayamos recibido una explicación satisfactoria por parte de la REAL SOCIEDAD DE TELÉFONOS, S. A., deseando no vernos privados de la línea telefónica durante el tiempo que su empresa emplee en proporcionarnos las aclaraciones solicitadas. En caso de ver interrumpido el servicio telefónico procederemos a tomar las acciones legales pertinentes.

Sin otro particular, le saluda muy cordialmente,

Jaime Añoveros Galarza
Director General
COMPAÑÍA GENERAL DE LAS INDIAS
OCCIDENTALES, S. A.
. . . .

C/ Palacios, 34
28905 Alcalá de Henares

EJEMPLO N.º 14
Carta solicitando un cambio en la potencia del suministro eléctrico de una empresa

Barcelona, 14 de mayo de 199..

Sr. Andreu Masover Lluch
Director
Servicio de Suministros
FUERZAS ELÉCTRICAS DEL BESÓS, S. A.
C/ Verneda, 78
08012 Barcelona

Ref.: Cambio de potencia del abonado Nº 123456-98.

Muy Sr. mío:

Me dirijo a usted con el objeto de solicitarle una modificación en el suministro eléctrico que FUERZAS ELÉCTRICAS DEL BESÓS, S. A. proporciona a nuestra empresa, en el domicilio de calle Paralelo de las Corts, 234 (bajos), 08034 Barcelona.

Como resultado de la incorporación de nuevas maquinarias y servicios informáticos que requieren de gran potencia eléctrica para su correcto funcionamiento nos vemos obligados a solicitar de su empresa un incremento en la potencia del suministro actual.

Realizadas las consultas técnicas pertinentes por los especialistas de nuestra empresa con los técnicos de su compañía, se nos ha indicado que la potencia de 5,5 KWX que recibimos en la actualidad resulta insuficiente para satisfacer los requerimientos de los nuevos equipos, siendo la adecuada una potencia de 7,7 KWX.

Por tanto, solicito tenga a bien incrementar la potencia de nuestro suministro eléctrico en 2,2 KWX a partir del día 1 de junio de 199..

Sin otro particular, le saluda muy atentamente,

Carles Riba Ausich
Departamento de Producción
TALLERES METÁLICOS BARNA, S. L.
....

C/ Paralelo de las Corts, 234 (bajos)
08034 Barcelona

EJEMPLO N.º 15
Carta notificando la aceptación de un aspirante a un cargo en una empresa

Madrid, 28 de septiembre de 199..

Sr. Carlos Vega Sanjuán
Urbanización Las Fincas Blancas
Ctra. de Tarragona, 45 (A-7º-9ª)
08067 Castelldefels (Barcelona)

Ref.: Cargo de experto en redes informáticas tipo X-45-C.

Apreciado Sr. Vega Sanjuán:

En primer término, reciba usted un cordial saludo de mi parte, así como del resto de los miembros del Comité de Selección Técnica que tuvimos el placer de entrevistarle personalmente con ocasión de las pruebas de selección realizadas en el Hotel Francia de Barcelona durante la segunda quincena del pasado mes de junio.

Al cabo de un arduo proceso de selección de las condiciones de los numerosos candidatos de alto nivel que se presentaron a las mencionadas pruebas, los miembros del Comité hemos llegado a la conclusión de que usted cumple con los requisitos exigidos y posee las condiciones y formación técnica adecuadas para ocupar el cargo de Experto en redes informáticas tipo X-45-C, con destino a nuestra planta de procesamiento informático con sede en Santa Cruz de Tenerife.

En caso de que decida aceptar nuestra propuesta para ocupar dicho cargo, le agradeceríamos que nos haga llegar una aceptación formal por escrito y, al mismo tiempo, que se ponga en contacto con el Sr. Jaume Marsillach, de nuestra delegación en Barcelona, teléfono 93/345 56 67, para ajustar los detalles de la incorporación a nuestra empresa.

Reciba usted un saludo muy cordial,

Gustavo de la Dehesa
Presidente
Comité de Selección Técnica
CORPORACIÓN FINANCIERA INSULAR, S. A.
....

C/ Alcalá, 34 (7º)
28001 Madrid

3

La demanda de empleo apropiada

Un segundo tipo de cartas que también se emplea con notable frecuencia es el que corresponde a las demandas de empleo, normalmente como respuesta a anuncios aparecidos en periódicos, revistas y otros medios de comunicación que constituyen el vehículo habitual para conocer las ofertas de trabajo.

En líneas generales, todas las cartas de demanda de empleo tienen elementos comunes, derivados de su intencionalidad: la obtención de un puesto de trabajo acorde con nuestras expectativas, capacidades y experiencia. Otro de los elementos comunes a todas ellas es que van acompañadas de un currículum vitae del candidato, que constituye su carta de presentación laboral.

No obstante, existen diferencias ya que cada carta responde a una oferta de empleo específica.

LAS CARTAS DE RESPUESTA MÁS USUALES

EJEMPLO N.º 1
Carta de respuesta a la solicitud de comerciales para una empresa fabricante de electrodomésticos

Madrid, 16 de octubre de 199..

CALOR ELECTRODOMÉSTICOS, S. A.
Apartado Postal 34568
20500 Mondragón (Guipúzcoa)

Ref.: «Comerciales».

De mi consideración:

En relación con su anuncio aparecido en el periódico «La Nación» de fecha 15 de octubre solicitando dos comerciales para Madrid y su provincia, por medio de la presente deseo formalizar mi candidatura para ocupar el cargo con responsabilidad en los canales profesionales de la Calefacción y el Agua Caliente Sanitaria.

Con respecto a la experiencia profesional solicitada, cumplo en hacerles saber que poseo un profundo conocimiento de los canales profesionales, en los que me encuentro trabajando desde hace más de diez años.

Durante este período, primero como Jefe de la División Técnica de SANITARIOS Y CONFORT, S. A. y actualmente como Asesor Técnico y de Confort de la División de Electrodomésticos de GRANDES ALMACENES GARCÍA, S. A., he forjado una interesante cartera de clientes compuesta por importantes tiendas y puntos de venta en la región de Madrid y su provincia.

Por este motivo, me encuentro particularmente interesado en la oferta realizada por ustedes de un contrato de representación comercial en exclusiva.

De acuerdo con lo solicitado, adjunto copia de mi currículum vitae y un breve anexo indicando algunos de los integrantes de mi cartera de clientes.

Sin otro particular, quedo a su disposición.
Cordialmente,

Carlos Gómez Rodríguez
....

C/ San Andrés, 39 (3º dcha.)
28004 Madrid

EJEMPLO N.° 2
Carta de respuesta a un anuncio solicitando visitadores médicos para un importante laboratorio multinacional, líder en dermatología y dermofarmacia

Barcelona, 24 de septiembre de 199..

THEMAR PUBLICIDAD
Ref. nº 16.122
C/ Bulgaria, 24
08003 Barcelona

Ref.: Nº 16.122, «La Mañana» (22 de septiembre de 1993).

Muy Sr. mío:

Tengo el gusto de dirigirme a ustedes en relación con su anuncio publicado en «La Mañana» del 22 de septiembre del corriente año solicitando visitadores médicos con residencia en la provincia de Barcelona.

En primer lugar, les comunico que tengo residencia permanente en la ciudad de Barcelona, con disponibilidad para viajar a otras regiones de España así como a países de la Unión Europea si fuera necesario. En este sentido, cumplo en informarles que cuento con vehículo propio en buenas condiciones (Volvo 34X, modelo 1990) para realizar viajes de larga distancia.

Con respecto a mi formación profesional, he realizado estudios superiores y poseo el título de Licenciado en Farmacia por la Universidad de Barcelona, obtenido en 1988.

Asimismo, poseo experiencia en el sector farmacéutico en el que he desempeñado diversas actividades, siendo la actual la de Supervisor de Ventas de BEAUTYCREMS, S. A., importante firma española del sector.

Finalmente, indicarles que cuento con 32 años de edad y considero que respondo al perfil profesional sugerido en su anuncio: persona activa, responsable y con gran capacidad de trabajo.

Adjunto mi currículum vitae, en el que con más detalle se desarrollan los anteriores comentarios.

Sin más, les saluda muy cordialmente,

Josep Cuñat Valls
....

C/ Sant Francesc, 23 (2º 3ª)
08012 Barcelona

EJEMPLO N.º 3
Carta de respuesta a un anuncio solicitando vendedor para una importante empresa del sector fotográfico en Sevilla y su provincia

Granada, 4 de noviembre de 199..

GPA, Selección de Personal
(Ref.: SEVILLA-FOTO)
C/ Romero, 23
41008 Sevilla

Ref.: «Sevilla-Foto». La Voz del Sur, 2-XI-93.

Muy Sres. míos:

Me dirijo a ustedes con el fin de poner en su conocimiento mi interés por el cargo de vendedor de material fotográfico en el ámbito de Sevilla y su provincia.

Aunque resido en la ciudad de Granada desde hace dos años, soy natural de Sevilla donde he realizado la mayor parte de mi carrera profesional, ocupando diversos cargos de creciente responsabilidad en distintas empresas de material fotográfico y producción audiovisual.

En la actualidad ocupo el cargo de Supervisor de Ventas para Granada, Almería y Murcia de PHOTOSUN, S. A., una de las empresas más importantes en la distribución y comercialización directa de material fotográfico en el sur de España.

Además de mi experiencia profesional, detallada en el currículum vitae adjunto, encuentro particularmente interesante su oferta de empleo debido a mi interés personal en volver a desempeñar mis actividades profesionales en Sevilla y su provincia, tanto por motivos familiares como profesionales ya que mi principal cartera de clientes se encuentra en esa provincia.

Finalmente, deseo hacerles saber que quedo a su disposición para la realización de una entrevista personal así como para cualquier aclaración de lo expuesto en la presente.

Sin otro particular, les saluda muy atentamente,

Carlos Rodríguez Gómez
....

C/ Fuente de Maimónides, 34 (2º 1ª)
18093 Granada

EJEMPLO N.º 4
Carta de respuesta a un anuncio solicitando delegado/a comercial para Cataluña y Levante para una importante empresa sueca, líder en el mercado de recogida y transporte de residuos

Castellón de la Plana, 12 de noviembre de 199..

TRESKINV ESPAÑA
Paseo de Recoletos, 234 (4º)
28004 Madrid

Ref.: Delegado/a comercial para Cataluña y Levante.

De mi consideración:

El motivo de la presente es responder a su anuncio aparecido en «El Nacional» con fecha 9-XI-93, solicitando un/a delegado/a comercial para la zona de Cataluña y Levante.

Adjunto a la presente podrán encontrar un currículum vitae en el que se detalla mi trayectoria profesional en actividades comerciales y del sector público estrechamente vinculadas a las de su empresa. No obstante, aprovecho la oportunidad para hacer referencia a los requisitos por ustedes solicitados.

Tengo 34 años de edad y poseo estudios superiores, habiendo obtenido el título de Ingeniero Industrial por la Universidad Politécnica de Valencia en el año 1984. He desempeñado mis actividades profesionales tanto en el ámbito privado como en el sector público.

Desde el año 1985 hasta 1989 he ocupado diversos cargos en las áreas de producción y comercialización de bienes de equipo en empresas de implantación tanto de ámbito nacional como internacional (CORPORACIÓN ESPAÑOLA DE MÁQUINAS HERRAMIENTAS: 1985-1987; INTERNATIONAL MACHINERY SPAIN: 1987-1989).

Desde 1989 hasta comienzos del presente año he ocupado el cargo de Asesora Técnica de Servicios Públicos de los ayuntamientos de Valencia y Castellón de la Plana, actividad que me ha proporcionado una gran experiencia en el sector de recogida y transporte de residuos así como también conseguir establecer vínculos personales con numerosos responsables de este sector en diversos ayuntamientos de la zona de Cataluña y Levante.

Hablo perfectamente inglés, alemán y francés y me encuentro en disponibilidad de viajar por la zona indicada.

Sin otro particular, les saluda muy cordialmente,

Ángeles Suárez de Lerma
....

Avda. de los Constituyentes, 34 (P 1)
12001 Castellón

EJEMPLO N.º 5
Carta de respuesta a un anuncio solicitando pintores (oficiales de 1.ª, 2.ª y 3.ª) para una empresa concesionaria de una importante firma fabricante de camiones y tractores

Bilbao, 4 de diciembre de 199..

CAMTRAC IBÉRICA, S. A.
Oficina de Personal
Apartado Postal 23049
28080 Madrid

Ref.: Cargo Oficial de Pintura (1ª).

Muy Sres. míos:

En relación con su anuncio publicado en «La Gaceta del Norte» (3-XII-93), solicitando oficiales de pintura de distintas categorías para la nueva planta de CAMTRAC IBÉRICA, S. A. en el Polígono de Las Rías, Bilbao, tengo el gusto de hacerles llegar mi candidatura para ocupar uno de los cargos de oficial de pintura (1ª) en dicha planta.

Además de cubrir satisfactoriamente los requisitos de tener el servicio militar cumplido y poseer carnet de conducir, cuento con quince años de experiencia en la especialidad, con particular referencia al acondicionamiento de vehículos de transporte de grandes dimensiones.

Entre los cargos ocupados en el pasado he desempeñado el de oficial de pintura (3ª) en la Sección de Mantenimiento de RENFE, en Bilbao; el cargo de jefe de mantenimiento de TRACTORES DE EUZKADI, S. A., en Pamplona; y, durante un año, oficial de pintura (2ª) de VOLVO, en Estocolmo.

Adjunto mi currículum vitae en el que se detallan adecuadamente las actividades mencionadas y otras de menor importancia profesional.

Sin otro particular, les saluda,

Xabier Goicoechea Arrús
....

C/ Rías Bajas, 345 (2º 7ª)
48004 Bilbao

EJEMPLO N.° 6
Carta de respuesta a un anuncio solicitando secretaria de alta dirección para una consultora asociada a un grupo internacional

Lleida, 23 de octubre de 199..

Apartado de Correos 323
28220 Majadahonda (Madrid)

Ref.: Secretaria Alta Dirección. REF.: FC-93.

De mi consideración:

Me dirijo a ustedes en referencia a su anuncio publicado en «La Mañana», 20-X-93, solicitando secretaria de alta dirección para ocupar un cargo de alto nivel en una consultora asociada a un grupo internacional.

En relación con los requisitos exigidos para el cargo mencionado, pongo en su conocimiento que hablo y escribo correctamente inglés, francés y portugués y conozco perfectamente los programas Word Processing 23.D, Word Perfect 5.1. y Word Star Windows and Harvard Graphics, con los que habitualmente desarrollo mis actividades.

En cuanto a mi experiencia profesional para el cargo, puedo acreditar diez años de actividad en cargos similares en empresas nacionales e internacionales de primer nivel en distintos sectores de la economía.

Si bien en mi currículum vitae se hace una exhaustiva descripción de los cargos ocupados y las responsabilidades correspondientes a cada uno de ellos, desearía destacar mi experiencia como Directora del Gabinete Técnico de la REAL SOCIEDAD DE MINAS Y EXPLOSIVOS, S. A., con sede en Madrid, cargo de gran responsabilidad en el que desarrollaba funciones ejecutivas y tenía la función de supervisar un equipo de veinticinco personas.

Finalmente, les manifiesto mi disponibilidad de viajar con frecuencia, tal como se requiere en su anuncio.

Sin otro particular, les saluda muy cordialmente,

Anna Alsina French
....

C/ Nou de la Rambla, 34 (1º)
25013 Lleida

EJEMPLO N.º 7
Carta de respuesta a un anuncio solicitando un director de investigación clínica para un importante laboratorio farmacéutico nacional

Madrid, 2 de octubre de 199..

R.I.O. DIRECTIVOS, S. L.
Rambla de Cataluña, 203 (4º)
08010 Barcelona

Ref.: Nº 1.478. Director Investigación Clínica.

Estimados Sres.:

Me dirijo a ustedes con relación a su anuncio aparecido en «La Primera Hora», del 27-IX-93, solicitando un director de investigación clínica para un importante laboratorio farmacéutico nacional vinculado a una multinacional del sector, a fin de integrarse al equipo directivo de la compañía.

Con respecto a los requisitos exigidos en el anuncio mencionado, me encuentro dentro del rango de edad solicitado y soy Licenciado en Medicina por la Universidad Complutense de Madrid, Ph.D. en Microbiología Clínica por la University of Chicago, USA, y he realizado diversos cursos y seminarios especializados en dicha materia en el Medical School Hospital, New York University y en la Escuela de Medicina, University of Manchester, Reino Unido.

Además de dominar el idioma inglés, hablo y escribo los siguientes idiomas: francés, alemán e italiano. Poseo amplia experiencia en la elaboración de protocolos, seguimiento de ensayos en todas sus fases, elaboración de información y publicaciones técnicas, etc.

En materia de investigación aplicada en la industria farmacéutica, mi carrera profesional se ha desarrollado en dos ámbitos distintos. En el sector privado, he sido Director de Investigaciones de INDUSTRIAS FARMACÉUTICAS ASOCIADAS, S. A., Madrid; y Jefe de Laboratorio de PROCENEX LABS, S. A., Zaragoza. En el sector público he sido Investigador Principal del Consejo Superior de Investigaciones Científicas, Madrid.

En el currículum vitae adjunto procedo a exponer con detalle cada una de las actividades profesionales desarrolladas.

Sin otro particular, quedo a la espera de sus noticias.

Atentamente,

Rodrigo Álvarez de Segovia
....

C/ Bailén, 23 (4º)
28009 Madrid

EJEMPLO N.º 8
Carta de respuesta a un anuncio solicitando un delegado de zona para una empresa de publicidad en expansión

Madrid, 14 de noviembre de 199..

QUM Selección
Plaza de Córdoba, 45 (21 D)
28046 Madrid

Ref.: SP. Delegado de Zona.

Muy Sres. míos:

Tengo el gusto de entrar en contacto con su agencia de selección de personal directivo en relación con su anuncio en «El Mundo Diario», de fecha 12 de noviembre del corriente año, solicitando candidatos para ocupar el cargo de delegado de zona en una compañía multinacional líder en el sector publicitario y en la creación y realización de campañas de promoción de ventas.

Dado que me ajusto al perfil profesional solicitado y estoy interesado en su oferta, adjunto copia de mi currículum vitae y, por separado, indico mis pretensiones económicas y condiciones laborales.

En cuanto a los requisitos puntuales señalados en el referido anuncio, paso a comentarlos.

En primer lugar, deseo hacerles saber que mi edad se encuentra en la solicitada para los candidatos. Quiero hacer constar además que hablo y escribo correctamente inglés y francés, y poseo conocimientos de italiano, portugués y catalán.

Mi experiencia profesional en el sector publicitario comienza en Barcelona, donde trabajé como técnico de diseño de CAMPAÑAS PUBLICITARIAS, S. A. una vez concluida la Licenciatura en Ciencias de la Comunicación en la Universidad Autónoma de Barcelona, en 1986.

Posteriormente me trasladé a Madrid, donde actualmente resido, habiendo ocupado diversos cargos de creciente responsabilidad en varias importantes empresas dedicadas a la organización de campañas publicitarias.

En la empresa donde actualmente desarrollo mis actividades me encuentro dedicado a las relaciones con hipermercados y grandes superficies.

Finalmente, señalar que poseo vehículo propio y disponibilidad para viajar con frecuencia.

Sin otro particular, les saluda muy cordialmente,

Francisco Pérez Perdomo
....

Avda. Las Segovias, 34 (1º 4ª)
28065 Madrid

EJEMPLO N.º 9
Carta de respuesta a un anuncio solicitando un jefe de operaciones para una organización líder en el sector de la correspondencia internacional

Madrid, 27 de septiembre de 199..

FASTCOURIER INTERNATIONAL, S. A.
(Ref. MJOP)
Apartado de Correos 2.237
28080 Madrid

Ref.: MJOP - Jefe de Operaciones.

De mi consideración:

Me dirijo a ustedes con referencia a su anuncio aparecido en el periódico «Las Noticias», con fecha 24 de septiembre, solicitando un jefe de operaciones internacionales para su sede de Madrid.

De acuerdo con lo solicitado, adjunto copia de mi currículum vitae detallando los cargos y responsabilidades profesionales que he desempeñado desde el comienzo de mi actividad en el sector hasta la fecha de hoy.

En cuanto a mi formación técnica, les hago saber que poseo el título de Ingeniero Industrial por la Universidad Politécnica de Madrid, obtenido en el año 1978.

Con respecto a mis conocimientos de informática a nivel de usuario, habitualmente desarrollo mis actividades utilizando el programa WP51, pero me encuentro familiarizado con los siguientes programas: WORD STAR II, WINDOWS GRAPHICS, HARVARD STARS y SSPS-V.

En materia de idiomas, hablo y escribo correctamente inglés y francés y leo italiano, portugués y alemán.

Poseo una buena capacidad de comunicación y relación y estoy acostumbrado a trabajar por objetivos en entornos profesionales dinámicos y exigentes. En este sentido, valoro muy positivamente para mi formación profesional los cinco años en que ocupé el cargo de Technical Assistant en el sector de cargas internacionales de AMERICAN AIRLINES, en su delegación de Philadelphia, USA.

Para concluir, les manifiesto mi disposición para mantener una entrevista personal en el momento que lo consideren oportuno.

Atentamente,

Javier Cuartú Soria
....

C/ Los Madroños, 23 (2º 5ª)
28045 Madrid

EJEMPLO N.º 10
Carta de respuesta a un anuncio solicitando trabajadora social para un gabinete de relaciones humanas de una industria multinacional

Barcelona, 4 de diciembre de 199..

INTERNATIONAL DELTA FACTORY, S. A.
(Ref.: TS-009)
Polígono Industrial Sur
Calle 24 - Unidad 35
08045 Sant Just Desvern (Barcelona)

Ref.: TS-009. Trabajadora Social. Gabinete Relaciones Humanas.

De mi consideración:

Tengo el gusto de ponerme en contacto con su empresa en relación con su anuncio aparecido en la revista «Trabajo Social y Sociedad», del mes de noviembre de 1993, solicitando candidatas para ocupar el cargo de trabajadora social en el Gabinete de Relaciones Humanas de INTERNATIONAL DELTA FACTORY, S. A.

Con respecto a los requisitos solicitados para el cargo, les hago saber que poseo la edad requerida y hablo y escribo inglés y francés correctamente.

Asimismo, deseo manifestarles mi disponibilidad para viajar con frecuencia, poseo vehículo propio en buenas condiciones (SEAT AUDI 500, modelo 1991).

En relación con mi experiencia profesional en cargos similares, me interesa destacar los siguientes:

- Directora de Servicios Sociales del Ayuntamiento de Vernedá.
- Subdirectora de Asistencia Social de la Cruz Roja Española, sede de Madrid.
- Junior Assistant, Poverty Mitigation Unit, World Health Organization, Ginebra, Suiza.

En el currículum vitae adjunto podrán encontrar una descripción detallada de cada una de las actividades profesionales desarrolladas.

Quedo a su disposición para la realización de una entrevista personal en caso de que lo consideren conveniente.

Muy cordialmente,

Maria Valls Sardà
....

C/ Junquera, 34 (P 1)
08023 Barcelona

EJEMPLO N.º 11
Carta de respuesta a un anuncio solicitando mecanógrafa-recepcionista para una agencia de turismo

Málaga, 27 de noviembre de 199..

PUBLITOUR, S. L.
Director de Personal
C/ Vírgenes, 34
29003 Málaga

Ref.: Mecanógrafa-Recepcionista Bilingüe.

Muy Sr. mío:

Me dirijo a usted con relación al anuncio publicado en el diario «La Voz del Sur», con fecha 26 de noviembre, solicitando candidatas para ocupar la plaza de mecanógrafa-recepcionista bilingüe (español-inglés) en la delegación de Motril de PUBLITOUR, S. L.

Adjunto a la presente un currículum vitae actualizado en que describo con detalle mi experiencia profesional como responsable administrativa y, en particular, las actividades que he desarrollado en empresas del sector turístico.

Con respecto al perfil profesional solicitado, cuento con 28 años de edad y poseo el Diploma superior de Estudios Administrativos, especialidad que he cursado en la Escuela Superior de Estudios Administrativos de la Universidad de Granada.

Además de hablar y escribir correctamente inglés y francés, leo y hablo correctamente italiano, portugués y alemán.

En cuanto a mis conocimientos de informática, estoy familiarizada con los programas LOTUS de archivo, etiquetas y contabilidad general así como con el WP51 y Harvard Graphics.

Por otra parte, mi experiencia en actividades administrativas me habilita para realizar las tareas habituales de mecanógrafa y recepcionista.

De acuerdo con lo indicado en su anuncio, adjunto fotografía reciente.

Sin otro particular, le saluda muy atentamente,

Carmen Álvarez Molinari
....

C/ De la Cruz, 29 (2º - 2ª)
29012 Málaga

EJEMPLO N.º 12
Carta de respuesta a un anuncio solicitando oficial administrativo-contable para una importante librería técnica

Madrid, 24 de junio de 199..

LIBRERÍA TÉCNICO-MÉDICA
(Ref.: AC-93)
C/ Libreros, 34
28004 Madrid

Ref.: AC-93. Administrativo-Contable.

De mi consideración:

Me dirijo a ustedes en respuesta a su anuncio publicado en «El Mundo Hoy», con fecha 20 de junio, solicitando candidatos para ocupar el cargo de administrativo-contable en la División Administrativa de LIBRERÍA TÉCNICO-MÉDICA.

En primer término, deseo destacar que cuento con una experiencia de diez años en actividades de tipo administrativo y contable en el sector del libro. Una vez obtenida la Licenciatura en Ciencias Económicas por la Universidad Autónoma de Madrid (1978), comencé con mi actividad profesional como Técnico de Nivel Medio en la Dirección General del Libro y Bibliotecas, del Ministerio de Cultura.

Con posterioridad a esta experiencia en el sector público, he desempeñado diversos cargos y actividades administrativas y contables en editoriales y empresas exportadoras especializadas en libros médicos y técnicos en general.

Por tanto, me encuentro en condiciones de asumir responsabilidades administrativas del siguiente tipo: contabilidad y administración de personal, facturación, nóminas, liquidaciones a la Seguridad Social, impuesto de sociedades y otras actividades relacionadas.

En el currículum vitae que adjunto se realiza una descripción pormenorizada de mis conocimientos de informática aplicada a la gestión administrativa y la planificación estratégica de la empresa.

Finalmente, deseo hacerles saber que quedo a su disposición para mantener una entrevista personal si así lo consideran conveniente.

Muy atentamente,

Ramón Salvador Salvador
....

C/ Malasaña, 45 (1º 1ª)
28034 Madrid

EJEMPLO N.º 13
Carta de respuesta a un anuncio solicitando responsable del departamento de calidad para una importante empresa del sector textil

Barcelona, 15 de noviembre de 199..

INDUSTRIAS TEXTILES ASOCIADAS, S. A.
Selección de Personal
(Ref.: DC-1993)
Apartado de Correos 345
08189 Solsona (Lleida)

Ref.: Responsable. Departamento de Calidad.

De mi consideración:

Tengo el gusto de ponerme en contacto con ustedes en relación con su anuncio del día 10 de noviembre del corriente año aparecido en la revista «Industria Textil», solicitando un responsable técnico para el Departamento de Calidad de INDUSTRIAS TEXTILES ASOCIADAS, S. A., a desarrollar funciones en la planta de L'Hospitalet de Llobregat.

Con respecto a los requisitos exigidos como perfil profesional para el cargo, en términos de edad me encuentro dentro de la solicitada y, como podrán observar en el currículum vitae adjunto, puedo acreditar más de cinco años de experiencia en puestos de responsabilidad en empresas multinacionales del sector textil, con experiencia laboral tanto en España como en el extranjero (México, Túnez y Brasil).

Dentro de la amplia gama de actividades involucradas en las responsabilidades del jefe de control de calidad, me interesa destacar mi especialidad como analista en el coste de aplicaciones, conocimientos de métodos y sistemas de mejoramiento de la calidad y en la reducción de costes.

En último término, deseo hacerles saber mi disposición para mantener una entrevista personal en el lugar y fecha que consideren más adecuados.

Sin más, les saluda muy cordialmente,

Enric Vázquez Montañá
....

C/ Figueres, 34 (2º)
08023 Barcelona

EJEMPLO N.° 14
Carta de respuesta a un anuncio solicitando oficial de masa y pala para una cadena de panaderías

Tarragona, 23 de junio de 199..

GRANDES HORNOS AMÉRICA, S. A.
Att. Srta. Pilar
(Ref.: OMP-93)
Avda. de las Luces, 23
28039 Madrid

Ref.: Oficial de masa y pala.

De mi consideración:

Me complace ponerme en contacto con ustedes con referencia a su solicitud de un oficial de masa y pala, anunciada en el periódico «El Levante Español» de fecha 20 de junio de 1993.

Como aspirante al cargo de oficial de masa y pala en su importante cadena nacional de panaderías, puedo acreditar más de quince años de experiencia en diversas empresas de panificación, tanto de tipo artesanal y alcance local/regional como en panificadoras industriales de implantación nacional.

En el ámbito de las grandes empresas de panificación he ocupado el cargo de Oficial de Panificación de la cadena BINGO, en su planta de Tarragona.

En cuanto a mi experiencia laboral en empresas de tipo artesanal, pueden encontrar un detalle de la misma en el currículum vitae adjunto.

En cuanto a mi especialidad y preferencia laboral en el ámbito de la panificación, mi interés se centra en la supervisión del proceso de fabricación del pan desde el amasado hasta la cocción.

Finalmente, deseo señalar mi particular interés por los panes especiales, especialidad en la que he creado varias combinaciones que han conseguido un gran éxito de ventas.

A la espera de sus noticias, les saluda muy atentamente,

Delfín García Álvarez
....

C/ Rambla Nova, 789 (1º 2ª)
43107 Tarragona

4

La invitación personal por carta

Si bien es cierto que en materia de invitaciones personales se ha popularizado la costumbre de hacerlas llegar impresas en tarjetones, son muchas las ocasiones en las que es conveniente, ya sea por motivos personales o por razones comerciales o profesionales, que la invitación se haga mediante una carta, que según la ocasión puede ser manuscrita o realizada con máquina de escribir u ordenador personal.

En las ocasiones en que se trate de una carta de tipo personal o familiar se valorará el hecho de que sea una carta manuscrita dado que proporciona a la misma un carácter más directo, una sensación de mayor comunicación personal.

Por el contrario, cuando se trata de invitaciones de tipo profesional o comercial, de carácter más formal, lo más correcto es que sean realizadas con máquina de escribir u ordenador.

FORMALIDAD E INFORMALIDAD COMBINADAS

EJEMPLO N.º 1
El jefe de relaciones públicas de una empresa invita a un cliente importante a visitar las nuevas instalaciones de la empresa

Madrid, 3 de octubre de 199..

Sr. Juan Ramón Díaz Castillo
Director de Producción
CADENA DISTRIBUIDORA DE LEVANTE, S. A.
Avda. Gran Capitán, 345
46004 Valencia

Apreciado Sr. Díaz Castillo:

Tengo el placer de ponerme en contacto con usted a los efectos de hacerle llegar una invitación personal para visitar nuestra nueva planta de producción, situada en uno de los polígonos industriales más importantes de España, el Polígono Industrial del Sur «Carlos III», inaugurado en fecha reciente por las más altas autoridades autonómicas y estatales.

Además de la incorporación de un importante número de innovaciones en el sector administrativo y en los canales de distribución, la nueva planta de nuestra empresa cuenta con un avanzado sistema de producción digitalizada que permite un control de calidad prácticamente perfecto, evitando fallos en las piezas producidas y detectando el origen de las imperfecciones durante el proceso de elaboración gracias al hecho de disponer de un sistema único de control de calidad que, a buen seguro, le interesará particularmente debido a su originalidad.

Por otra parte, en la búsqueda de un más armónico entorno de trabajo y ajustándonos a las normativas de la CE en materia de protección ambiental, en la nueva planta de nuestra empresa se ha buscado que su diseño arquitectónico, emplazamiento y sistema de eliminación de residuos resultaran prácticamente inofensivos para el medio ambiente.

En síntesis, entendemos que nuestra nueva instalación constituye un verdadero modelo de planta de producción del que nos sentimos verdaderamente orgullosos.

Por esta razón, nos complacería que en su calidad de Director de Producción de uno de nuestros principales clientes tuviera la posibilidad de visitarla personalmente en su próximo viaje a Madrid.

Quedo a la espera de sus noticias al respecto.
Reciba el cordial saludo de

Carlos Madariaga Solans
Depto. de Relaciones Públicas
IBERPRODUCTION, S. A.
....

Paseo de la Castellana, 345
28003 Madrid

EJEMPLO N.º 2
El director de una galería de arte invita a un crítico de arte a la inauguración de una exposición

Barcelona, 23 de febrero de 199..

Sr. Carlos Calvo Ballester
Sección Arte y Espectáculos
LA VOZ DE LA MAÑANA
C/ Verdaguer, 234
08034 Barcelona

Estimado Sr. Calvo Ballester:

Como en otras ocasiones, tengo el gusto de ponerme en contacto con usted para hacerle llegar mi invitación personal para asistir a la muestra que ofreceremos en nuestra galería a partir del próximo mes de marzo.

En esta oportunidad, nos complace informarle que la muestra estará compuesta por más de cincuenta obras del importante artista sueco Bjorn Stölen-Krass, quien recientemente ha obtenido la distinción más importante que anualmente concede la Royal Gallery of Fine Arts de Londres a jóvenes talentos extranjeros cuya obra actual anuncia un importante futuro en el campo de las bellas artes.

Se trata de un artista reconocido en su país, que ha realizado muestras de gran éxito en Bruselas, Londres, Amsterdam y, sin duda la más relevante, en la Galerie des Arts de París durante el segundo semestre del pasado año.

Por otra parte, se trata de un creador que ha obtenido una notable acogida en América del Norte, habiendo recibido una inmejorable crítica por parte de los medios especializados de Canadá y Estados Unidos.

En la convicción de que la obra de este joven talento será de su interés, me complace particularmente hacerle llegar esta invitación personal para que asista a la que será la primera muestra de este creador en nuestro país.

Reciba mis saludos más cordiales,

Sergi Ramos Llorente
Director
Galería Ramos Llorente
....

Paseo de Gracia, 22
08021 Barcelona

EJEMPLO N.º 3
Invitación a un amigo extranjero a pasar en nuestra casa las vacaciones de Semana Santa

Castellón de la Plana, 3 de febrero de 199..

Sr. John Eric Thompson
23, Country Road
Middlesex East,
<u>LONDON 34VB N12</u>
<u>GRAN BRETAÑA</u>

Querido John Eric:

En primer lugar, recibe mis más afectuosos saludos y el deseo de que te encuentres muy bien en tu nuevo destino. Hemos recibido tu carta de comienzos de enero y comprendemos perfectamente los problemas con que te estás enfrentando a diario.

Por experiencia propia conocemos las dificultades de adaptación a las grandes ciudades de quienes disfrutamos de la vida apacible y más humana de los pequeños pueblos.

En este sentido, estoy seguro de que estas líneas pueden llevarte un poco de entusiasmo y, si aceptas la propuesta, proporcionarte unos días de tranquilidad junto a las cálidas costas mediterráneas de Castellón, que tan bien conoces y de las que sabes disfrutar con tanta intensidad.

Durante los últimos meses hemos reformado la vieja casa de la costa, en la que hicimos muchos cambios y arreglos que nos llevaron más tiempo del previsto.

Pero ya sabes, «en la vida, todo llega» y para el día de Reyes logramos concluir esos arreglos que parecían interminables. Ahora disponemos de varias habitaciones, cuartos antes cerrados, y tienes la posibilidad de elegir el que más te agrade, con vistas al mar o a la montaña. Estoy seguro de que la oferta es tentadora y de que pronto te tendremos por aquí.

La propuesta es que vengas a visitarnos y a descansar para Semana Santa. Tanto Carmen como yo estaremos de vacaciones y podremos atenderte como corresponde. ¡Espero tu respuesta a la mayor brevedad para organizar las actividades!

Un beso de Carmen y un abrazo mío.

Con el afecto de siempre,

Enrique

. . . .

EJEMPLO N.º 4
Invitación a un matrimonio amigo a pasar juntos unas vacaciones

---

Barcelona, 4 de junio de 199..

Marisol y Manuel Delgado
Callejón del Retiro, 23
10002 Cáceres

Queridos Marisol y Manuel:

En primer lugar, nuestros deseos de que estéis bien y tan activos como siempre ya que es precisamente de actividad, mucha actividad, de lo que tratan estas breves líneas. Paso a explicarme.

Con Carlos estamos organizando unas vacaciones diferentes a las de todos los años. Estamos cansados de ir siempre al mismo sitio de la Costa Brava. Hace ya muchos años que pasamos los veranos en el mismo pueblo y, si bien es bonito, resulta un poco aburrido.

Pues bien, lo que pensamos es contar con vuestra complicidad estival para realizar unas vacaciones plenas de actividad. Lo que se nos ocurrió es realizar una excursión por los distintos pueblos y comarcas del Valle del Bierzo, haciendo camping en parte y también residiendo en algunos hostales donde sirven los exquisitos platos de la región y que están muy bien de precio, según nos hemos informado.

Estudiando el calendario, habíamos pensado que podríamos encontrarnos en casa de Diego en Madrid y ver si logramos alistarlos en las huestes con destino al Valle del Bierzo. De lo contrario, podemos pasar con él algunos días en Madrid y huir de ese horroroso calor tan pronto podamos.

Podríamos pasar unas dos o tres semanas en la región y regresar a Madrid hacia la tercera semana de agosto. Carlos tiene que estar en Barcelona el día 25, ya que este año se ha organizado de esta manera con los colegas del hospital.

En fin, este es el plan. Esperamos vuestra respuesta. Los detalles de último momento los podemos arreglar telefónicamente.

Un brazo de Carlos y un beso mío.

Os quiere mucho,

Nieves

. . . .

EJEMPLO N.° 5
Invitación a un colega extranjero a dar unas conferencias en la institución donde trabajamos

Madrid, 12 de enero de 199..

Dr. Michael Levin
Department of Anatomy
Faculty of Medicine
University of California-Berkeley
California 94003
U.S.A.

Distinguido Prof. Levin:

Tengo el enorme agrado de ponerme en contacto con usted en nombre del Decano de nuestra facultad, el Prof. Dr. Jorge Martínez Pérez, quien me ha solicitado de manera especial que le haga llegar sus más sinceros y respetuosos saludos.

En efecto, el Decanato de Investigación conjuntamente con el de Relaciones Académicas Internacionales han elaborado un programa de conferencias, seminarios y talleres de trabajo para el período 1994-1995 que pretende constituirse como el foro de debate académico más importante del sur de Europa en medicina y biología humana.

Tras arduos esfuerzos hemos logrado el apoyo financiero y técnico del Gobierno Español y de los organismos de la CE, responsables de la investigación básica en medicina y ciencias biológicas.

De esta manera podemos disponer de unos recursos importantes que nos permitirán invitar a los más destacados especialistas de todo el mundo.

Junto con nuestro Decano, hemos pensado en usted para ocupar la Presidencia del Foro sobre Avances Recientes en Anatomía Humana, que se celebraría en el mes de octubre de 1994 en la ciudad de Madrid.

En consecuencia, el motivo de estas líneas es hacerle llegar nuestra invitación a presidir dicho foro y, al mismo tiempo, conocer si su calendario de actividades se lo permitirá.

Por tanto, quedo a la espera de sus comentarios en este sentido.

Sin otro particular por el momento, lo saluda muy cordialmente,

Alberto García Miró
Director
Departamento de Anatomía
Facultad de Medicina
Universidad Autónoma de Madrid
. . . .

EJEMPLO N.º 6
Invitación a primos lejanos residentes en otra región a las bodas de oro de nuestros padres

Valencia, 23 de febrero de 199..

María del Carmen y Salvador Vicente
C/ Arroyo Claro, 23
37124 Alcalá de la Sierra (Salamanca)

Estimados primos:

A pesar del tiempo transcurrido sin vernos personalmente, nuestra familia os sigue recordando con el mismo cariño y aprecio de la ya lejana época en que compartíamos las vacaciones en estas costas del Levante.

El motivo de estas líneas es que para la próxima primavera podamos volver a encontrarnos junto con el resto de esta numerosa familia, desperdigada por todas las provincias de España.

En esta ocasión, el motivo es la celebración de las bodas de oro de nuestros padres, quienes por fortuna se encuentran en perfectas condiciones de salud y de ánimo, realmente envidiables.

Dado que sus bodas de oro se cumplen justamente durante la Semana Santa, con mi hermana Amparo habíamos pensado que quizá os fuera posible tomar unos días libres en el trabajo y venir a Valencia para estar presentes en la gran fiesta que pensamos organizar y que tiene como pretensión la de reunir el mayor número de primos y tíos que estén en condiciones de viajar para esa oportunidad.

Con el fin de reducir al máximo los gastos de los invitados, con Amparo estamos organizando una especie de «hotel familiar», procurando que los invitados puedan estar durante esa semana en las casas de los parientes que viven aquí.

Si os parece apropiado, para vosotros hemos «reservado habitaciones» en casa de la tía Clotilde, viuda del tío Enrique, cuñada de mamá. Ella cuenta con una amplia casa en la zona antigua de la ciudad y nos ha dicho que estará encantada de que paséis esa semana en su casa.

Este es, en síntesis, el motivo de estas líneas. Esperamos sinceramente que podáis asistir a este encuentro familiar. Nos gustaría mucho poder encontraros nuevamente.

Vuestros primos,

Amparo y Julián
....

EJEMPLO N.º 7
Invitación especial al primer concierto de nuestro hijo músico

---

Barcelona, 4 de julio de 199..

Amalia y Juan Sampedro
C/ Linares, 34 (1º 2ª)
28014 Madrid

Queridos Amalia y Juan:

Ante todo, recibid un cariñoso saludo y mis deseos de que os encontréis muy bien, al igual que el resto de la familia.

Os escrito tres líneas para haceros un pedido algo especial, que espero sinceramente podáis complacer. Paso a explicarme.

Nuestro hijo Carlos, ese Carlitos que tanto os quiere y que ya ha cumplido diecisiete años, ha demostrado tener vocación por la música, en lo que Juan tiene algo más que un poco de responsabilidad.

Pero, como es natural, cada generación tiene sus gustos, y aunque para mí es un hecho que esta vocación de Carlitos ha sido estimulada por Juan durante los felices años de vuestra residencia en Barcelona, el tipo de música que le gusta a nuestro hijo no es la preferida de Juan.

Esta diferencia de gustos me hace pensar que quizá no estéis dispuestos a acceder al pedido que deseo haceros. Para ser más clara, Carlitos es primer guitarra de un grupo de «heavy rock», algo que lo llena de orgullo y también de felicidad. Os lo puedo asegurar.

Bien, hace ya un año que está ensayando casi a diario con su grupo, llamado BARNA KILLERS, y el catorce de agosto darán su primer concierto en una sala especializada llamada ELECTRIC BLUE.

Desde hace semanas me está pidiendo que os escriba para invitaros, él quiere que en su primera actuación esté presente el «tío Juan». Como madre, realmente estaría muy agradecida de que Juan accediera a estar presente ya que al chico le hace una enorme ilusión. Querida Amalia, te agradezco lo que puedas hacer por convencerlo.

Con Álvaro estamos dispuestos a viajar en coche a Madrid para traeros si fuera necesario. La verdad es que no sabemos si es un buen músico o no ya que no entendemos nada de «heavy rock», pero lo vemos tan feliz que no podemos hacer otra cosa que alentarlo a que siga adelante.

Bien, no tengo mucho más que agregar. Espero una carta o llamada vuestra en la que me respondáis si aceptáis o no venir a pasar unos días a Barcelona y, naturalmente, estar presentes en ELECTRIC BLUE durante el primer concierto de Carlitos.

¡Muchas gracias! Un abrazo de Álvaro.
Un beso de

                                                    Montserrat
                                                    ....

EJEMPLO N.° 8
Invitación personal a la apertura de nuestro nuevo restaurante

Valencia, 3 de abril de 199..

Sr. Juan Valdés Zamora
C/ Zaragoza, 23 (1º)
08012 Barcelona

Querido amigo:

A pesar del tiempo transcurrido desde la última vez que tuve el placer de encontrarte personalmente, aquí siempre te recordamos y pensamos lo agradable que sería volver a trabajar juntos, como en los gloriosos años del Gran Hotel de Levante. ¡Gloriosos tiempos de juventud!

No hace mucho estuve con Marcial Pons, quien vino a Valencia con su familia aprovechando un puente. Él me puso al tanto de tus actividades en Barcelona y de los éxitos conseguidos durante los últimos años en tu trabajo como distribuidor de artículos para hostelería. Espero sinceramente que estés bien y que tus actividades sigan tan prósperas como siempre.

Además de hacerte llegar un sincero saludo y el de mi familia, en especial de Encarna, quiero invitarte personalmente para que estés presente en la inauguración de un restaurante de tipo familiar que abriremos en el paseo marítimo durante el próximo mes de mayo.

Desde hace tiempo veníamos pensando en la posibilidad de pasar a la actividad independiente y si bien teníamos claro que tenía que ser en el sector de la hostelería y turismo, no habíamos decidido con exactitud el tipo de negocio que más nos convenía de acuerdo con nuestros conocimientos y recursos.

Finalmente decidimos que lo mejor era no correr riesgos innecesarios y optamos por un restaurante especializado en frutos del mar, que es la actividad que mejor conocemos, como tú bien sabes. Encarna se ocupará de la cocina y yo me haré cargo del salón.

Por suerte hemos logrado organizar la apertura del restaurante sin solicitar créditos. Sumando la indemnización de mi último trabajo a unos ahorros que teníamos hemos podido poner en marcha esta aventura.

Bien, estas son las novedades y la invitación. Espero sinceramente que puedas estar presente en la fiesta de apertura.

Quedo a la espera de tus noticias.
Un fuerte abrazo,

Manuel
. . . .

EJEMPLO N.º 9
Invitación personal a una conferencia que pensamos dar sobre un determinado tema

Madrid, 23 de junio de 199..

Prof. Domingo Gutiérrez Blanco
Departamento de Reproducción Humana
Facultad de Medicina
Universidad Autónoma de Madrid
28040 Ciudad Universitaria Cantoblanco

Estimado Prof. Gutiérrez Blanco:

En primer lugar, reciba usted mis más sinceros saludos y el recuerdo de todos los que hemos tenido el inolvidable privilegio de ser sus alumnos.

Como probablemente recuerde, con posterioridad a mi graduación en la Universidad Autónoma de Madrid me trasladé a Barcelona, donde comencé a trabajar en la Unidad de Reproducción Asistida de la Clínica de Fertilidad Humana, dirigida por el Dr. Martín Lavado Pons, sin duda uno de sus más brillantes alumnos, con quien he aprendido mucho en los últimos años.

Aunque mantengo la colaboración con el Dr. Lavado Pons, en fecha reciente me he incorporado a la Facultad de Medicina de la Universidad de Barcelona, en la que se ha creado el Departamento de Reproducción Humana, que no existía como tal en el pasado.

Por recomendación del Dr. Lavado Pons, se me ha encomendado la organización de dicho departamento, al que se le intenta asignar la mayor relevancia posible dentro de la estructura académica de la Facultad.

En esta línea de actuación, se me ha solicitado que como organizador del departamento sea el responsable de la Lección Inaugural del próximo ciclo académico de la Facultad. Naturalmente, la lección versará sobre la relevancia de las investigaciones sobre reproducción humana en la medicina actual.

En síntesis, el motivo de la presente es invitarle a participar de dicha lección inaugural. En lo personal, sería para mí un verdadero honor contar con su presencia en la misma y, para nuestra especialidad en esta Facultad, un gran espaldarazo a su desarrollo.

Quedo a la espera de sus noticias.

Reciba usted mi respetuoso saludo,

> Jorge Echanove Vargas
> Director
> Departamento de Reproducción Humana
> Universidad de Barcelona
> ....

5

La carta de agradecimiento adecuada

Las cartas de agradecimiento pueden estar originadas por las más diversas situaciones, tanto de carácter particular como profesional o laboral.

Así, en determinadas circunstancias se tratará de agradecer los favores o servicios de personas que nos han brindado su ayuda con generosidad pero con las que no nos une una relación de amistad o de parentesco.

En otros casos, por el contrario, el tipo de cartas que tratamos en este apartado estarán justificadas por el deseo de dejar por escrito el agradecimiento que sentimos por la ayuda o los favores que nos han prestado amigos, familiares o conocidos con quienes mantenemos una relación de confianza que contribuye a imprimir al texto un tono de familiaridad e informalidad que, en buena medida, las diferencia del primer tipo de cartas de agradecimiento.

Es conveniente que las cartas más formales sean escritas a máquina o con ordenador; no es necesario en las de tono informal.

FÓRMULAS DIVERSAS PARA ELEGIR CÓMO DAR LAS GRACIAS CON SINCERIDAD

EJEMPLO N.º 1
Carta de agradecimiento a una prima que se ha hecho cargo de una emergencia durante nuestra ausencia

Buenos Aires, 3 de agosto de 199..

María Dolores González
C/ Mayor, 89 (1º 2ª)
36098 Pontevedra

Querida prima:

En primer lugar, recibe mis cariñosos saludos y el deseo mío y de Manuel de que te encuentres bien y disfrutando del agradable verano gallego junto a los tuyos.

Como comprenderás, he quedado atónita por las noticias que me trae tu carta del mes pasado. Me cuesta entender cómo es posible que el ayuntamiento no exija de los constructores un mayor cuidado a la hora de proceder al derrumbe de edificios.

Sinceramente, no comprendo cómo les permiten usar dinamita en esas cantidades sin interesarles los efectos que las explosiones puedan tener sobre las propiedades adyacentes.

Dado que la mala suerte en materia inmobiliaria me persigue desde hace algún tiempo, no me sorprende que haya sido mi piso el más afectado por las explosiones.

Por lo que entiendo de tu carta, el ayuntamiento no ha tomado ninguna decisión todavía en favor de los perjudicados pero los trámites se encaminan en esa línea, ya sea que reparen adecuadamente los daños o bien que reconstruyan el edificio.

Con Manuel intentaremos viajar lo antes posible para realizar las gestiones necesarias de forma personal y apreciar la importancia de los daños y, también, para tomar una decisión acerca de esa propiedad.

A mí no me gustaría venderla por el gran afecto que le tengo a esa casa, que construyera mi padre hace tanto tiempo. Pero está claro que es imposible mantener una propiedad que, en virtud de su estado, no se puede alquilar.

En fin, te mantendré al tanto de la fecha de nuestro viaje. Mientras tanto, quiero hacerte llegar mi más sincero agradecimiento por tu preocupación y por el tiempo dedicado a todas estas engorrosas gestiones con la burocracia municipal.

Recibe el cariño de Manuel y un beso de tu prima,

Adela

....

EJEMPLO N.° 2
Carta de agradecimiento a un dentista que nos ha hecho un tratamiento sin cobrar honorarios

Barcelona, 2 de junio de 199..

Dr. Rodolfo Almará Pons
Departamento de Estomatología
Clínica Sagrado Corazón
C/ Provenza, 234
08012 Barcelona

Estimado Dr. Almará Pons:

En primer lugar, reciba usted mis más respetuosos saludos y el deseo de toda mi familia de que se encuentre bien.

El motivo de estas líneas es hacerle llegar el sincero agradecimiento de mi esposa y mío por su generosa actitud con relación al tratamiento estomatológico proporcionado a nuestro hijo Raúl.

Aunque el niño sigue padeciendo algunas incomodidades, especialmente en la masticación y la higiene bucal, su estado general es notablemente mejor al que se advertía con anterioridad al tratamiento.

Estos cambios se hacen especialmente manifiestos en su actitud general y, en particular, en su capacidad de reír con libertad, cosa que antes no hacía, muy probablemente como consecuencia de sentir una cierta vergüenza por el lamentable estado de su dentadura.

Al mismo tiempo, es evidente que su capacidad de masticación y, en consecuencia, de realizar una más adecuada digestión de los alimentos favorece notablemente su desarrollo físico y su vitalidad, cambio que tanto mi esposa como yo advertimos con agrado.

En suma, es evidente que el tratamiento por usted realizado con tanta generosidad ha tenido y tiene unos efectos verdaderamente óptimos.

Una vez más, reciba usted nuestro más sincero agradecimiento y nuestra disposición para todo aquello en lo que podamos serle de utilidad.

Atentamente,

María y Joaquín Almunia
. . . .

C/ Francesca Blanch, 23 (7º)
08001 Barcelona

EJEMPLO N.º 3
Carta de agradecimiento a una pareja de amigos que han llevado a nuestros hijos a una excursión

Madrid, 4 de septiembre de 199..

Dolors y Joan Martínez Font
C/ Verdaguer, 234 (1º 4ª)
08012 Barcelona

Queridos Dolors y Joan:

Los pequeños excursionistas están ya de vuelta en casa. Según las azafatas de AEROLÍNEAS DE ESPAÑA, los niños se han comportado «ejemplarmente» durante el viaje de regreso desde Barcelona. Esto me hace pensar que quizá deberíamos vivir en un avión para que sigan comportándose «ejemplarmente».

Bromas al margen, quiero agradeceros muy sinceramente estos días de «excursionismo» que los niños han pasado con vosotros en el Pirineo de Lleida. Han vuelto realmente hermosos, cargados de aire puro y con esa sana energía que proporciona una estancia al aire libre.

No han terminado de contarnos las muchísimas cosas que han hecho, descubierto, visto y comido en estas semanas de vida en la montaña. A Dolors le gustará saber que han vuelto fascinados por las maravillas culinarias de la «tía Dolors».

Una cosa está clara: estos niños están dispuestos a repetir la experiencia. «El tío Joan nos dijo que el próximo verano iríamos al Pirineo aragonés». Tío Joan, ya lo sabes. Te han tomado la palabra.

Por nuestra parte, huelga decir que los hemos echado mucho de menos. Pero sabíamos que estaban en buenas manos y, por lo tanto, nos decidimos a disfrutar de las muchas exposiciones, espectáculos y actividades en general que Madrid te ofrece todo el año y que normalmente no podemos gozar por razones obvias.

Un fin de semana lo pasamos en Cáceres, visitando la ciudad antigua y descansando en un magnífico hostal del siglo XVII, completamente remodelado. Una breve «luna de miel». Por lo demás, no hay mucho que contar.

Aquí os dejo. Continuaré con la eliminación de polvo pirenaico de los sacos de dormir de los excursionistas.

Una vez más, muchas gracias.
Abrazos de Jordi y un beso de mi parte,

Núria
....

EJEMPLO N.º 4
Carta de agradecimiento a un gestor que nos ha simplificado los trámites ante el ayuntamiento para facilitar la apertura de una tienda

Barcelona, 19 de diciembre de 199..

Sr. Javier Díaz Villaverde
GESTORÍA Y ASESORAMIENTO FISCAL, S. L.
C/ República de Cuba, 45
08004 Barcelona

Estimado Sr. Díaz Villaverde:

Reciba usted un cordial saludo de mi parte así como de mi esposa y nuestro deseo de una muy Feliz Navidad y un Próspero Año Nuevo.

Además de hacerle llegar nuestros saludos, la presente tiene como objeto agradecerle muy sinceramente sus gestiones ante el ayuntamiento para agilizar el proceso de estudio de factibilidad y concesión del permiso de habilitación comercial por parte de la Concejalía de Comercio y Turismo.

Precisamente en la mañana de ayer nos llegó por correo la citación para acudir a recoger el original del permiso de habilitación comercial, del cual nos hicieron llegar la copia que le adjunto.

Le agradecería que si acaso hubiera alguna irregularidad o anomalía en el mismo, me lo comunicara y así poder corregirla a la mayor brevedad dado que nos urge sobremanera poder comenzar nuestras actividades comerciales tan pronto como sea posible.

Como bien sabe, hace ya varios meses que estamos en condiciones de iniciar el trabajo pero los interminables vericuetos burocráticos del ayuntamiento nos han hecho imposible concretar la apertura de nuestro comercio en las fechas previstas.

Afortunadamente, hemos contado con su generosa y desinteresada ayuda para poder resolver este laberíntico proceso, ayuda que una vez más le agradecemos mi esposa y yo.

Quedamos a la espera de sus noticias.

Cordialmente,

Ana María y Pedro Vargas Llera
....

C/ Rambla del Marinero, 345
08193 Castelldefels (Barcelona)

EJEMPLO N.º 5
Carta de agradecimiento a un profesor por una carta de recomendación profesional

México, D.F., 4 de marzo de 199..

Prof. José María Álvarez Solís
Departamento de Microelectrónica
Facultad de Ingeniería Electrónica
Universidad de Barcelona
C/ Baldiri i Reixach, s/n.
Zona Universitaria
08011 Barcelona (ESPAÑA)

Apreciado Prof. Álvarez Solís:

En primer lugar, reciba usted un cordial saludo y el recuerdo de mi esposa y mío, ya instalados nuevamente en nuestra tierra.

En efecto, pasados ya los primeros y complicados meses de «readaptación», después de cinco años en Barcelona, me encuentro en plena actividad y con muchos proyectos de trabajo e investigación de los que le hablaré con más detenimiento en una próxima comunicación y en los que espero contar con su colaboración personal y la de su equipo.

Desde mi llegada he podido verificar las grandes posibilidades de colaboración que se han abierto a partir de los cambios económicos de los últimos años. Pero, como le digo, prefiero tener los proyectos mejor definidos y en mi próxima carta proceder a una explicación más detallada de los mismos.

El principal motivo de la presente es hacerle llegar mi sincero agradecimiento por su carta de recomendación en mi presentación como candidato al cargo de Investigador Independiente en el Consejo Nacional de Ciencia y Tecnología de México. Su carta fue recibida en el momento oportuno y creo que ha jugado un papel decisivo ante el tribunal que ha evaluado la candidatura.

La buena noticia es que al cabo de dos meses de evaluación, finalmente fui aceptado para el cargo mencionado, habiéndome incorporado a la plantilla del Consejo a primeros del mes en curso. La verdad es que me encuentro muy feliz en este nuevo trabajo.

Prof. Álvarez Solís, reciba una vez más mi agradecimiento más sincero y mi compromiso de escribirle nuevamente tan pronto pueda definir mejor los cursos de acción futuros.

Su discípulo y amigo,

                                        Carlos de la Garza
                                        ....

C/ Independencia Sur, 456
56790 México, D.F. (MÉXICO)

EJEMPLO N.º 6
Carta de agradecimiento a unos amigos que nos han prestado una casa para pasar unos días de vacaciones

Mahón, 10 de abril de 199..

Carmen y Manuel Almeida
C/ De la Cruz, 39 (3º D)
28004 Madrid

Queridos Carmen y Manolo:

Os escribo desde la hermosa mesa de la cocina de vuestra encantadora casa de Menorca. Hace ya dos semanas que estamos aquí, alejados de todo tipo de complicaciones mundanas.

Con Patricia coincidimos en que realmente necesitábamos tomarnos unas semanas lejos de las obligaciones cotidianas y las interminables dificultades financieras de los últimos tiempos.

Llegamos a este reparador lugar hechos polvo, realmente agotados. En las dos semanas que llevamos aquí creo que hemos rejuvenecido varios años. Es increíble lo mal que vivimos en las grandes ciudades, tan increíble como que no nos demos cuenta de ello, víctimas del círculo vicioso de la vida cotidiana en la gran ciudad.

No digo esto por decir. Desde hace unos días, estamos charlando con profundidad este tema y creo que tanto Patricia como yo estamos dispuestos a tomar una decisión importante en este sentido. En el fondo, es muy simple.

Estando aquí, con todo el día para nosotros hemos podido reencontrarnos, recuperar pequeños rituales cotidianos que hace años creíamos perdidos y que, así, sin darnos cuenta, se hicieron presentes nuevamente cuando las condiciones de la vida diaria lo permitieron.

No sé si me explico bien pero la opción sería: o nuestra pareja o seguir llevando la vida que hacemos en Madrid, que apenas nos permite pasar unas pocas horas juntos. Vivir o sobrevivir.

Ya charlaremos cuando estemos de regreso en Madrid. Huelga decir que nuestro agradecimiento para con vosotros es infinito. Es aquí, en vuestra hermosa casa donde hemos podido reencontrarnos.

Un beso de Patricia y el cariño de

Martín
. . . .

6

La carta de disculpas apropiada

Al igual que otras modalidades epistolares tratadas en este libro, las cartas de disculpa se presentan como el resultado de una serie de situaciones que se han escapado a nuestro control por alguna razón y que nos han impedido cumplir con compromisos de tipo personal, laboral o profesional que habíamos contraído con anterioridad.

Así, nos encontramos con unas cartas de disculpa que van dirigidas a personas de nuestro entorno, con quienes mantenemos unas relaciones personales estrechas y a quienes seguramente les haremos llegar una carta manuscrita en términos más bien informales y de confianza.

En otros casos, se trata de notas o cartas de disculpa que tienen como origen los desajustes que suelen producirse en el vertiginoso ritmo de las actividades comerciales o laborales de nuestro tiempo.

Estas cartas estarán redactadas en términos más formales que las anteriores y escritas a máquina u ordenador.

CAUSAS AJENAS A LA VOLUNTAD

EJEMPLO N.º 1
Carta de disculpa por anular un viaje de negocios sin previo aviso

Barcelona, 4 de marzo de 199..

Sr. Joaquín Díaz Mir
Director
Departamento de Comercialización
ACERÍAS DEL NORTE, S. A.
Polígono Industrial Txurrati
48100 Vizcaya

Muy apreciado Sr. Díaz Mir:

Reciba en primer término mis más calurosos saludos al tiempo que le hago llegar mis más sentidas disculpas por no haber podido avisarle con mayor anticipación de la imposibilidad de asistir a la cita que teníamos concertada para el día 25 de febrero a las 15 horas en su planta de Txurrati.

Como usted sabe, estamos reorganizando nuestra red de distribución en las provincias de Levante y si bien hay un responsable a cargo de este proceso de reorganización, de manera inesperada tuvo que ser ingresado por una afección que, afortunadamente, resultó ser poco importante lo que facilitó que retomara sus funciones a los pocos días.

El Sr. Moya, Director General de nuestra empresa, consideró conveniente que me trasladara a Valencia de manera urgente para sustituir al responsable enfermo y me vi obligado a viajar de inmediato con el fin de que no se paralizaran las actividades de reorganización de la red de distribución de Levante, vital para nosotros, como usted bien sabe.

Si bien mi secretaria se puso en contacto con usted y le explicó la situación, he creído conveniente hacerle llegar esta disculpa formal y darle las explicaciones oportunas en virtud del aprecio y respeto que siento por usted.

Estimado Sr. Díaz Mir, renuevo mis disculpas y quedo a la espera de sus noticias acerca de la fecha que le resulte más adecuada para visitarlo en Vizcaya.

Un sincero saludo de su amigo,

                              Rogelio Martínez Shaw
                              Director
                              Departamento de Distribución
                              METALMACHINE, S. A.
                              ....

C/ Motores, 45
Zona Franca
08002 Barcelona

EJEMPLO N.º 2
Carta de disculpa por demora en llegar a una reunión de trabajo

Valencia, 7 de noviembre de 199..

Sr. Antonio Alberto Guerra
Presidente
SOCIEDAD ESPAÑOLA DE IMPORTADORES
Pza. Conde Valle Suchil, 45
28004 Madrid

Muy estimado Sr. Alberto Guerra:

Tengo el gusto de ponerme nuevamente en contacto con usted, esta vez por carta, para hacerle llegar mis disculpas formales por el lamentable incidente del día 4 del corriente mes cuando me fue imposible llegar a Madrid para la reunión de trabajo que teníamos prevista para las 17 horas del mencionado día.

Si bien sé que cuento con su comprensión dado que se ha tratado de un incidente involuntario y totalmente fuera de mi control, siento la necesidad de manifestarle mi preocupación al respecto dado que para nuestra empresa y para mí personalmente se trata de un encuentro de enorme trascendencia y que entendemos debe tener lugar a la mayor brevedad posible.

Soy perfectamente consciente de la apretada agenda a que su cargo le obliga y que el encuentro del día 4 había sido el fruto de un largo proceso de planificación que se desbarató debido a una inoportuna huelga de operadores del aeropuerto de Valencia de la que no estábamos informados.

Como resultado de nuestra necesidad imperiosa de mantener una reunión con usted aunque sin dejar de asumir por completo la falta de previsión de nuestra parte que concluyó en la imposibilidad de mantener el encuentro previsto, le quedaríamos muy agradecidos si tomara en consideración la posibilidad de concertar una nueva entrevista para la próxima semana en Madrid.

A la espera de sus noticias, le saluda muy atentamente,

Manuel Vicente Pradera
Director
Departamento de Comercio Exterior
VALENCIA-EXPORT, S. A.
....

Avda. de los Príncipes, 346
46101 Valencia

EJEMPLO N.º 3
Carta de disculpa por haber procedido a un envío erróneo de mercancias a un cliente

Barcelona, 16 de octubre de 199..

Sra. Mercedes Aguilar Robles
Directora
GRANDES LIBRERÍAS ANDALUZAS, S. A.
Avda. del Gran Capitán, 456
14007 Córdoba

REF.: Pedido 3456/8-1993.

Muy apreciada Sra. Aguilar Robles:

El motivo de la presente es comunicarle nuestras más sinceras disculpas por los errores que se han producido en relación con el pedido de GRANDES LIBRERÍAS ANDALUZAS, S. A., pedido 3456/8-1993 de fecha 14 de septiembre de 1993, que dio origen a un envío erróneo por nuestra parte, el cual se encuentra relacionado en nuestra factura nº 1903-93, de fecha 18 de septiembre de 1993, por un importe de Ptas. 134.908.-

En efecto, tal como usted señala en su carta de fecha 10 de octubre de 1993, los cien ejemplares de «Don Quijote» solicitados no pertenecían al fondo editorial de la EDITORIAL HISPANIA, S. A., tal como lo hemos podido verificar al comprobar el ISBN correspondiente, que se encuentra precisado con exactitud en su pedido 3456/8-1993.

Sin duda, se trata de un error involuntario por nuestra parte, originado en un descuido al procesar informáticamente el pedido de GRANDES LIBRERÍAS ANDALUZAS, S. A. y asignarle un número de cliente.

Error involuntario que suele producirse con relativa frecuencia en fechas como las actuales, en que como consecuencia del comienzo del curso académico se multiplican los pedidos de libros de texto.

Hemos recibido su devolución y asumimos todos los gastos derivados de la misma. En un nuevo envío procedemos a enviarle los ejemplares solicitados por su empresa.

Sin otro particular, le reitera sus disculpas y la saluda muy cordialmente,

Rafael Obligado Trus
Director de Distribución
IBERBOOKSTORE, S. L.
. . . .

C/ Cañellas, 789
08059 Barcelona

EJEMPLO N.º 4
Carta de disculpa por devolución de una letra por error de la sucursal bancaria

---

Madrid, 28 de enero de 199..

Sr. José María Mendizábal
Director General
GRÁFICAS DEL NORTE, S. A.
Ctra. de Navarra, 34 (P 7)
20123 San Sebastián

Estimado Sr. Mendizábal:

Me dirijo a usted con el fin de hacerle llegar nuestras sinceras disculpas por los problemas derivados de un involuntario error de la sucursal nº 3456 del Banco Unión del Norte, con domicilio en el Paseo de Recoletos nº 123 de Madrid.

En efecto, tal como usted señala en su carta estaba previsto que el día 25 de enero del corriente año fuera abonada la letra nº 345667709 por medio de la cual se abonaba su factura nº 5678-92, de fecha 27 de noviembre de 1992, correspondiente a nuestro pedido nº 1236-92 de cien placas de cartón plisado del tipo FGH-WB. El importe de la factura es de Ptas. 234.890.- (doscientas treinta y cuatro mil ochocientas noventa), importe idéntico al de la letra que le debía abonar el Banco Unión del Norte al Banco de Euzkadi, donde su empresa había descontado la letra.

Dado que nuestra empresa tiene distintas cuentas en diversas sucursales del Banco Unión del Norte en Madrid, el empleado encargado de proceder al abono de la referida letra equivocó el número de cuenta y la letra no fue abonada.

Según nos informa, la devolución de la letra ha generado unos gastos de Ptas. 16.008.- (dieciséis mil ocho). En este sentido, cumplo en informarle que el director de la sucursal indicada del Banco Unión del Norte, Sr. Gerardo Rico Pujol, ha aceptado que sean ellos los encargados de abonar esos gastos al Banco de Euzkadi puesto que la devolución se ha producido como consecuencia de un error bancario y no por falta de fondos para cubrir la letra.

Este es, en síntesis, el estado de la cuestión. Puede usted solicitar a su banco que vuelva a presentar la letra en cualquier momento ya que será pagada de inmediato.

Reciba nuevamente mis disculpas y los saludos más cordiales.

Atentamente,

Jorge Martínez Aznar
Director Comercial
EDICIONES DERLINES, S. L.
....

C/ Jorge Juan, 345 (2º)
28004 Madrid

EJEMPLO N.º 5
Carta de disculpa por no poder asistir al cumpleaños de un ser que-rido en otra ciudad

Cartagena, 22 de marzo de 199..

Carlos Martínez Pérez
C/ Valencia, 345 (2º)
08014 Barcelona

Querido hermano:

No tengo buenas noticias para comentarte. Esta mañana he agotado mis posibilidades de conseguir un permiso para poder estar presente en tu cumpleaños el mes próximo.

La verdad es que lo he intentado todo. En primer lugar, he tratado de cambiar mi permiso de salida con el de otros soldados, que tienen permiso justamente en la semana de tu cumpleaños.

No fue fácil encontrar a alguien que quisiera postergar en dos semanas su salida pero finalmente lo había conseguido. Javier, un chico de Badajoz, estaba en una situación similar ya que el cumpleaños de su hermana coincide con la semana de mi permiso. Pensábamos que ya estaba todo resuelto y decidimos hablar con el responsable de autorizar los cambios de fecha en los permisos para que nos permitiera hacer el cambio.

Ni Javier ni yo somos los preferidos del sargento en cuestión, quien prefiere a los reclutas que se destacan en los partidos de fútbol, que como bien sabes no es mi especialidad.

Como última alternativa intentamos hablar con el capitán a cargo del regimiento para lo que tuvimos que solicitar una audiencia y esperar una semana para que nos recibiera.

Finalmente pudimos hablar con él y plantearle nuestro caso pero el resultado fue el mismo que con el sargento, al que el capitán no quiso desautorizar y, bien, el resultado es que muy en contra de mi voluntad no podré estar para el día de tu cumpleaños.

Estando así las cosas espero que tengas un buen día ¡y que te lo pases *guay*!

Un fuerte abrazo de tu hermano,

Enrique

. . . .

PS: La dirección a la que podéis enviarme cartas y víveres es:
　　Enrique Martínez Pérez
　　División 23-A
　　Regimiento de Infantería de Marina
　　Cuartel General de Cartagena
　　30981 Cartagena (Murcia)

EJEMPLO N.º 6
Carta de disculpa por no poder viajar para pasar las Navidades en casa de unos amigos que viven en el extranjero

Salamanca, 28 de noviembre de 199..

Marcela y Diego Pérez Companc
Avda. del Libertador, 2345 (7º)
1001 Buenos Aires (ARGENTINA)

Queridos amigos:

Me he retrasado en responderos la carta del 15 de octubre pues quería confirmar cuáles eran mis posibilidades reales de ir a pasar la Navidad y el Año Nuevo con vosotros en Buenos Aires.

Había conseguido los billetes más económicos y tenía todo listo para partir el día 23 de diciembre vía Londres en British Airways, regresando a España, también vía Londres, el 24 de enero. Esto lo tenía arreglado.

Mis padres no me pidieron pasar las fiestas con ellos ya que este año están destinados en la Embajada de España en Japón y para esta época tienen una serie de actividades que yo no comprendo muy bien pero que los tienen muy ocupados y preocupados, a lo que contribuye con entusiasmo mi hermana menor, que siempre padece algún fracaso sentimental que la pone al borde del suicidio o la deja deprimida una buena parte del año, a excepción del verano.

Los astros parecían estar de mi parte hasta que el catedrático de Derecho Internacional Público me llamó para mantener una entrevista personal hace dos semanas.

Ocurre que le había parecido especialmente interesante una monografía que presenté en su asignatura acerca del problema de la importancia del concepto de ciudadanía en el marco de la libre circulación de personas en el mercado único europeo, tema sobre el que estuve haciendo un curso de verano en Lieja.

Bien, de la entrevista salí con una propuesta de trabajo: incorporarme como investigador asistente a su equipo, que está precisamente estudiando esta problemática. Me debo incorporar el próximo 10 de enero ya que para principios de marzo deben presentar un informe preliminar al Consejo de Europa.

En conclusión, no puedo pasar estas Navidades con vosotros pero creo que sí podré viajar para Semana Santa. ¿Qué os parece la propuesta? Espero comentarios.

FELIZ NAVIDAD Y AÑO NUEVO.

Os quiere mucho,

Txema
. . . .

Mi nueva dirección:
Paseo del Duero, 23 (4º)
37009 Salamanca (ESPAÑA)

7

La carta de amor de éxito

En nuestra opinión no existe un modelo de cartas de amor. Ni uno ni varios modelos. Sí existen cartas de amor y un género epistolar que podemos llamar de esta manera sin temor a equivocarnos.

Como en todos los tipos de carta, lo importante es lo que se expresa en ellas. Quizá más que en ningún otro tipo de cartas, es en las cartas de amor donde lo que importa es el mensaje y la carta, el texto mismo, es simplemente el medio a través del cual ese mensaje es transmitido.

A nuestro modo de ver existe un rasgo que hace de las cartas de amor un género epistolar específico: la distancia, sea esta geográfica o social. La distancia social es, a nuestro modo de ver la que normalmente da lugar a las más numerosas cartas de amor.

En condiciones de proximidad personal, en las que es posible expresar nuestros sentimientos amorosos por medios más directos, el empleo de la carta resulta secundario o innecesario.

Huelga decir que este tipo de cartas son manuscritas.

LA DIFICULTAD DE EXPRESAR SENTIMIENTOS

EJEMPLO N.º 1
Carta a un amor de vacaciones residente en otro país

Fuerteventura, 2 de febrero de 199..

Kristi-Anne Mörgen
Bielenfald 33
<u>0809 Blindern (NORUEGA)</u>

Kristi-Anne:

Escribirte en mi idioma es como establecer contigo una distancia, una distancia que desearía no existiera, una distancia que mis sentimientos dicen que no existe. Hace menos de una semana que has marchado y todo parece distancia, un misterioso y absurdo horizonte despoblado, vacío.

No es nuevo, pero siempre es nuevo el impulso que nos lleva a poner por escrito ciertos sentimientos. Comprendo los hechos, pero no comprendo que no estemos juntos, que este domingo sea tan distinto del anterior. Que entre un domingo y el siguiente todo haya cambiado y el insoportable peso del vacío se haya volcado en mis espaldas.

No quisiera parecer desesperado, tampoco lo contrario; sólo quiero encontrar la fórmula para poder estar juntos, como hace unos pocos días, cuando el estar bien era tan cierto como que mañana saldría el sol.

El sol sigue saliendo, lo ha hecho toda la semana. He amanecido con el sol, pero con tu ausencia. Terribles amaneceres, creo que hubiera preferido no despertar. También por esto te escribo.

El mensaje es uno, simple y complejo: quiero estar contigo. No sé cómo podría hacerlo. Parece que la realidad comenzara ahora, que lo anterior sólo hubiera sido un sueño.

Mi desconcierto es absoluto. Leo en el diario que en tu país la temperatura es de -25 °C. Aquí, como siempre, con temperaturas «afortunadas». Me pienso, trato de pensarte, no comprendo.

Esta es casi una carta desesperada. Siento que te digo muchas cosas y que no te digo nada. Necesito saber de ti lo antes posible, tener alguna certeza.

Tú te has marchado, me he quedado con tu imagen. Necesito algo más.

Como en el domingo pasado,

                                        Miguel
                                        ....

EJEMPLO N.º 2
Carta respondiendo a un anuncio de relaciones solicitando compañía femenina

Lleida, 4 de marzo de 199..

Apartado 3489
GUÍA DEL ARTE
C/ Vergara, 45
08006 Barcelona

Estimado amigo:

Hace ya una semana que he leído tu anuncio en el que dices que quieres conocer chicas «simpáticas, de entre 25 y 35 años, amantes de la vida al aire libre y de la música clásica».

Tu frase parece una descripción de mi persona, en cuerpo y alma, aunque intuyo que a ti te importa más el alma que el cuerpo. De todas formas, conviene no incurrir en equívocos de difícil solución una vez planteados y por este motivo te envío una fotografía reciente. Si te decides a entrar en contacto conmigo, espero que procedas de la misma manera.

Me considero simpática, aspecto en el que coinciden la mayoría de mis amigos. En este sentido, pienso que si tú eres tan divertido como tu anuncio, creo que podríamos llegar a tener una buena relación.

Ahora tengo 29 años muy bien llevados, en parte gracias a mi afición a la gimnasia y a la danza. Actualmente no practico danza con la misma intensidad que en el pasado, ya que mi trabajo como maestra me impide dedicar el tiempo que esta disciplina requiere. No obstante, mantengo muy bien el tipo. Queda en tus manos verificarlo.

Aunque en el fondo pienso que la música clásica y la vida al aire libre tienen poco que ver, da la casualidad que ambas son de mi agrado.

Dado que la provincia de Lleida tiene muchas posibilidades en materia de actividades al aire libre, con mis amigos hacemos viajes frecuentes al Pirineo, donde practicamos todo tipo de deportes de montaña.

En cuanto a la música clásica, siento especial debilidad por la música barroca. Es más, pienso viajar a Barcelona el próximo fin de semana para ir al concierto del conjunto italiano I Musici, en el Palau. Quizá sea una buena ocasión para conocernos, ¿no?

Quedo a la espera de tu llamada.

Gabriela
....

EJEMPLO N.º 3
Carta respondiendo a un anuncio de relaciones solicitando compañía masculina

Madrid, 17 de octubre de 199..

Puri
Apartado Postal 45027
28080 Madrid

Puri:

Me lo he pensado mucho, pero había algo especialmente atractivo en tu anuncio de la revista «Arte y Espectáculos». No podría decirte muy bien qué, pero es ese algo lo que me lleva a responder a tu anuncio.

Mis amigos piensan que estoy un poco loco al escribirte ya que este tipo de anuncios les parecen poco serios. No estoy de acuerdo con esto: son una posibilidad más de conocer gente en medio de una sociedad que nos transforma en seres totalmente anónimos y aislados.

Dices que te gustan los hombres activos y cariñosos. La verdad es que me considero más cariñoso que activo. En realidad soy activo si me interesa lo que hago, de lo contrario soy activo por obligación y no creo que sea a esto último a lo que te refieres. Pienso que en este sentido no me diferencio mucho del resto de los mortales. Por lo demás, lo dicho, creo que soy muy cariñoso.

Trabajo de lunes a viernes en una empresa pública completamente ineficiente que considero no tiene solución alguna, razón por la que mi trabajo no me resulta en absoluto atractivo a pesar de estar muy bien remunerado.

El pacto que todos hacemos: aburrimiento por un poco de bienestar. Pero, bueno, con ese poco de bienestar aprovecho para salir de la rutina durante los fines de semana y puentes, viajando mucho dentro y fuera de España.

Si te gusta tanto viajar, podríamos quedar para conocernos y, si coincidimos, hacer algunos planes al respecto. ¿Cómo lo ves?

Espero tus noticias. Hasta pronto.

Diego
. . . .

EJEMPLO N.º 4
Carta respondiendo a un anuncio solicitando compañía masculina mayor

Alicante, 14 de noviembre de 199..

Sra. Alina
Apartado 3456
DIARIO DE ALICANTE
Paseo Marítimo, 345
03109 Alicante

Estimada Sra:

He leído su anuncio del día 10 en la sección de Relaciones del «Diario de Alicante» y me he decidido a escribirle ya que creo que, a juzgar por lo que usted dice, estamos en condiciones de compartir muchas cosas.

Le hablaré un poco de mí, tal como ha hecho usted en su anuncio. Estoy jubilado desde hace dos años y soy viudo desde hace cinco. Tengo cuatro hijos, dos hombres y dos mujeres, y ocho nietos hasta el momento. Seguramente serán más dentro de no mucho tiempo.

Vivo solo en un piso frente al mar, donde acaba el Paseo Marítimo, pasado el palmeral. Por lo que dice su anuncio, creo que somos vecinos. Un buen motivo para conocernos pronto, si así lo considera conveniente.

A pesar de mi condición de jubilado, mantengo un buen nivel de actividad, colaborando por las mañanas con uno de mis hijos en su tienda de electrodomésticos. La verdad es que me encuentro en buenas condiciones de salud y no veo motivo alguno para quedarme en mi casa, sentado frente al televisor.

Por las tardes me gusta encontrarme con amigos, otros miembros de la «tercera edad», en el Casino de Alicante, al que concurro desde los años treinta.

Con cierta frecuencia viajo a Madrid, donde reside mi otro hijo, y también a Barcelona, donde vive una de mis hijas.

Esta es, en síntesis, mi manera de vivir.

Alina, espero que se decida y me llame. Me gustaría mucho conocerla. Mis saludos más cordiales.

José Antonio
....

EJEMPLO N.º 5
Carta respondiendo a un anuncio solicitando compañía femenina mayor

Barcelona, 8 de abril de 199..

Sr. Félix
Ref.: 234
CITAS Y AMIGOS
C/ Gran Vía, 345 (1º)
08012 Barcelona

Sr. Félix:

He leído su carta-anuncio en el boletín mensual que recibimos los abonados a Citas y Amigos. Me ha parecido una carta realmente divertida y agradable, propia de una persona con un gran sentido del humor.

Siempre he valorado muchísimo el sentido del humor: es una de las mejores cualidades que puede tener una persona. Creo que es este rasgo de su personalidad lo que me lleva a escribirle estas líneas, que serán breves ya que en realidad siento un gran interés por conocerlo.

A diferencia de usted, y aunque tenemos la misma edad, yo continúo trabajando. Mientras la salud me lo permita, lo seguiré haciendo. Creo que no podría vivir sin trabajar. No piense que soy una fanática del trabajo, nada de eso. Simplemente se trata de sentir la sensación de actividad, en cierta forma de sentir que uno sigue siendo útil. No sé si me explico con claridad, pero la idea sería esta.

Por lo demás, me encanta bailar, salir e ir a espectáculos de todo tipo. Habitualmente lo hago en compañía de mis amigas; salimos dos o tres veces por semana.

Naturalmente, no estaría nada mal salir en compañía de un hombre con sentido del humor... Félix, ¿qué le parece si nos encontramos la semana próxima y salimos a cenar?

Espero sus noticias. Saludos de

Rosa
....

EJEMPLO N.º 6
Carta de final de relación

23 de marzo de 199..

Querido Martín:

Prefiero escribirte. El simple hecho de tomar esta decisión me deja prácticamente sin fuerzas. No creo que fuera capaz de mantener una nueva conversación sobre los mismos temas de siempre.

Hace meses que estamos tratando de entender qué es lo que ha transformado nuestra relación en algo tan, tan distinto de lo que ha sido hasta no hace mucho tiempo. No lo hemos logrado, creo que no lo lograremos de continuar así.

Necesito estar sola, no sé si por mucho tiempo, por poco tiempo o indefinidamente. Siento que soy incapaz de seguir compartiendo mis días con alguien. No hablo de ti, no tiene que ver contigo, se trata de algo profundamente personal, estrictamente mío, que no depende de otros.

No haber reconocido antes que tengo mi propio mundo interior, con sus posibilidades y limitaciones, me hacía pensar que esas dificultades para compartir mi vida con alguien tenían su origen en ti. Nada más equivocado. Eres una persona inusualmente tierna y agradable, de una sensibilidad tan delicada y profunda que difícilmente puedes hacer daño a alguien.

Pero yo confundía mis dificultades contigo y esta es la dura realidad que procuraré modificar. Para ello necesito tiempo, tranquilidad y poner distancia con lo que hasta ahora ha sido mi mundo, un mundo que por momentos se me hacía completamente insoportable.

Por este motivo he decidido irme de casa, tomar una decisión drástica, que introduzca un cambio radical en mi vida. Seguramente nos seguiremos viendo y podremos volver a hablar, con más calma, de todas estas cuestiones. No es ahora el momento. Ya te llamaré cuando me encuentre en condiciones de hacerlo. Espero que puedas seguir siendo tan comprensivo como lo has sido todos estos años.

Un beso,

Ana
....

8

Los deseos de todo corazón

En contraste con otros tipos de carta que han sido tratados en capítulos anteriores, las cartas portadoras de deseos de todo corazón, también llamadas *deseos de todo corazón*, son de tipo personal y están dirigidas a familiares y amigos, es decir, a personas que se encuentran próximas a nosotros.

Por otra parte, presentan el rasgo distintivo de escribirse en momentos que resultan de especial importancia para el destinatario de las mismas, ya que se encuentra en una situación o próximo a enfrentar una situación que puede resultar decisiva para su vida futura en algunos casos.

Así pues, normalmente se escriben a mano y el texto es coloquial o muy informal, en contraste con las cartas formales, que en prácticamente ninguna de sus variantes o casos pueden ser incluidas entre las cartas portadoras de buenos deseos para el amigo o familiar que la recibe. Veamos algunos ejemplos.

DEJAR DE LADO LAS FORMALIDADES

EJEMPLO N.º 1
Carta deseando la recuperación de un pariente enfermo

Barcelona, 4 de marzo de 199..

Sr. Francisco Vidal Sánchez
C/ Las Marismas, 89
21004 Huelva

Querido tío Francisco:

En primer término, recibe un cariñoso saludo y el afecto de Margarita y de nuestros hijos, Francisco y Mariano, quienes te recuerdan con enorme cariño y siempre nos preguntan por ti, por tu magnífica huerta y tus naranjos.

Como ves, la semana de vacaciones que pasamos en tu hermosa casa de Huelva hace ya tres años no se les ha olvidado y en no pocos momentos insisten para que volvamos el próximo verano, posibilidad que estamos considerando con Margarita, ya que tenemos muchísimas ganas de verte.

El fin de semana pasado estuvimos con Arturo quien nos contó el increíble accidente que sufriste mientras estabas podando los naranjos y las consecuencias del mismo.

Para ser sinceros, nos cuesta muchísimo imaginarte sentado en una silla o en la cama, sin estar permanentemente en movimiento, haciendo alguna actividad.

A Arturo lo vimos tranquilo, razón por la cual entendemos que tu fractura ha sido relativamente seria pero nada demasiado grave para una persona sana, fuerte y tan vital como es tu caso.

Dado que te conocemos, sabemos la poca confianza que tienes en los médicos y en su opinión, pero te recomendamos que al menos en esta ocasión aceptes sus consejos aunque sea por el tiempo que debes permanecer sin realizar demasiada actividad física.

Esperamos sinceramente que la recuperación sea rápida y, en caso de que concretemos una visita a Huelva para agosto, podamos encontrarte en óptimas condiciones, de manera que volvamos a realizar esos hermosos paseos por la zona de las huertas.

Nada más por ahora. Te reitero nuestros mejores deseos de una pronta recuperación. Muchos besos de Margarita, Francisco y Mariano.

Un fuerte abrazo de tu sobrino,

Antonio
....

EJEMPLO N.° 2
Carta deseando la recuperación del hijo enfermo de una querida amiga

Madrid, 5 de octubre de 199..

María Amelia Vargas
234 West Avenue
Washington D.C., 34009
USA

Querida Mari:

Esta tarde he hablado con tu madre y me ha contado la hepatitis que padece el pequeño Martín. Me apresuro a escribirte y a contarte mis planes.

No sabes lo mucho que lo lamento. Juan Carlos tuvo exactamente el mismo problema a la misma edad que Martín y, aunque el reposo cura esta incómoda enfermedad, los inconvenientes derivados de las exigencias de un niño que debe permanecer prácticamente inmóvil durante casi dos meses son infinitas.

Mucho peor en tu caso, ya que Juan Martín debe quedarse todo el tiempo en México. Según mis cálculos, regresará cuando la etapa de reposo de Martín haya concluido. Con lo cual deberás hacerte cargo de la situación tú sola.

Tu madre me decía que ella estaría dispuesta a viajar para echarte una mano con las actividades domésticas pero que su estado de salud se lo impide, al menos por el momento. Paso a contarte mis planes al respecto.

He estado hablando con Ramón y ambos hemos llegado al acuerdo de que yo viaje para estar contigo hasta que termine el período de reposo de Martín, de manera que él esté bien cuidado, tú acompañada y, muy especialmente, con tiempo libre para asistir a las clases en la universidad, que bien sé lo que significan para ti después de tanto tiempo alejada del ámbito universitario.

Te envío estas líneas por *courier* internacional, para que las recibas esta semana. Te llamaré una vez que sepa con exactitud la fecha y hora de llegada a Washington.

Muchos abrazos de Ramón y Juan Carlos.

Un beso mío y hasta muy pronto,

Tu amiga,

Puri
. . . .

EJEMPLO N.º 3
Carta portadora de buenos deseos para una pareja de amigos que pasan un difícil momento en su relación de pareja

Valencia, 5 de diciembre de 199..

Marta y Enrique Vázquez Rial
C/ San Bernardo, 45 (1º)
28004 Madrid

Queridos Marta y Enrique:

Hoy ha llegado Juan Pablo a Valencia y estuvimos comiendo juntos. Me ha contado la situación que estáis pasando y las dificultades derivadas, especialmente teniendo en cuenta la proximidad de la Navidad y el Año Nuevo.

Juan Pablo regresa mañana a Madrid pero volverá a Valencia en menos de dos semanas. Os propongo lo siguiente, en lo que Amparo está absolutamente de acuerdo.

Vosotros necesitáis tiempo y tranquilidad para enfrentar las dificultades resultado de esta situación sin que los niños sean moneda de cambio ni víctimas de los problemas de los adultos. Todas las parejas pasamos por momentos difíciles y estas dificultades deben resolverse «en pareja».

Hemos llegado a un acuerdo con Juan Pablo y con Amparo y los tres estamos de acuerdo en la siguiente propuesta. Dado que Juan Pablo debe volver en coche a Valencia en menos de dos semanas, él podría traer a los niños a pasar las fiestas en la que al fin y al cabo es su ciudad y donde tienen a sus abuelos y sus amigos. Amparo y yo estaremos encantados de tenerlos en casa: donde viven cuatro niños, perfectamente pueden vivir seis.

Mientras tanto, vosotros tendréis todo el tiempo del mundo para decidir qué es lo que deseáis hacer con vuestra pareja, vidas y haciendas.

Como esta carta me ha tocado escribirla a mí, me permitiré hacer una breve reflexión personal. Esta es, en esencia, una carta portadora de buenos deseos de reconciliación pero, nobleza obliga, creo que si no hacéis un mínimo esfuerzo por pasar de la adolescencia a la madurez no hay buenos deseos que valgan.

Juntos o por separado, sois nuestros amigos y os queremos muchísimo. Puestos a preferir, juntos. Juntos pero bien.

Nada más por ahora. Juan Pablo os entregará estas líneas. Besos de Amparo y un gran beso y abrazo de mi parte,

Os quiere mucho,

Alejandro
· · · · · · · ·

EJEMPLO N.º 4
Carta deseando éxito a un amigo en las oposiciones a un cargo en un instituto de bachillerato

Río de Janeiro, 3 de febrero de 199..

Sr. Juan Navarrete
Paseo de Gaudí, 345 (2º 4ª)
08045 Barcelona (ESPAÑA)

Querido Juan:

Hacía mucho tiempo que no tenía noticias tuyas, seguramente como consecuencia de tu gran capacidad de producción epistolar, que termina por inundar los buzones de todos los amigos. Me parece increíble que haga cuatro años que no recibo noticias tuyas de manera directa.

No obstante, por esas cosas de la vida me he encontrado de la manera más inesperada con Francisco, durante una escala en el aeropuerto de Río. La escala se transformó en muchas horas de espera y Francisco me contó en detalle los últimos cuatro años de tu vida en Barcelona.

Del relato de Francisco puedo hacerme una idea de las dificultades que has tenido que afrontar y de los duros momentos que has pasado, seguramente tan duros como los que viviste aquí en aquellos difíciles años.

Me contó Francisco la gran ilusión que tienes en poder lograr una plaza de profesor en un instituto de bachillerato de Barcelona, en un cargo de tu especialidad.

Como bien sabes, aquí no es tiempo de escribir cartas sino de playa, playa y carnaval, mucho carnaval. De todas maneras, no quiero demorar estas líneas portadoras de mis mejores deseos de que todos tus esfuerzos se vean favorablemente recompensados y te sea posible acceder a ese trabajo que tanta ilusión te hace.

No me cabe ninguna duda de que cuentas con las cualidades necesarias para desempeñar con toda solvencia las actividades de profesor. El éxito está asegurado. Ten un poco de paciencia y seguridad en ti mismo.

Juan, ¡mis mejores deseos de éxito!
Recibe el cariño de tu amigo,

Cayetano
....

EJEMPLO N.º 5
Carta deseando a un familiar joven que ha acabado sus estudios universitarios que consiga pronto su primer empleo

Madrid, 5 de junio de 199..

Sr. Federico Sánchez
C/ Sants, 567 (4º 1ª)
08023 Barcelona

Querido Fede:

Esta mañana he recibido una carta de tu madre en la que me cuenta que este mes terminas tus estudios universitarios de Economía.

Tu tío Carlos y yo pensamos viajar a Barcelona con ocasión de tu graduación, por lo que esperamos que nos comuniques con anticipación la fecha de la misma.

A pesar de la gran alegría que nos ha traído esta agradable noticia, tanto tu tío como yo somos concientes de las dificultades que existen actualmente para encontrar un puesto de trabajo para quienes concluyen sus estudios universitarios.

En este sentido, los dos deseamos de todo corazón que la suerte te acompañe y puedas comenzar a trabajar tan pronto como sea posible.

De todas formas, más allá de nuestros buenos deseos comenzaremos a hablar con gente conocida que desarrolla sus actividades en el mundo de la empresa y en la administración pública para conocer más de cerca cuáles pueden ser las posibilidades de ayudarte a conseguir ese difícil primer puesto de trabajo.

Como puedes imaginar, dado que hace más de diez años que estamos en Madrid nuestros contactos personales están aquí y, en este sentido, nos gustaría conocer tu opinión sobre la posibilidad de trasladarte a esta ciudad en caso de que se concretara alguna oferta de trabajo.

Querido Fede, nuestras más sinceras felicitaciones y deseos de que todo vaya bien, muy bien. Abrazos a tus padres.

Un gran beso y abrazo de tus tíos,

Carlos y Carmen
....

EJEMPLO N.º 6
Carta portadora de buenos deseos para un joven que comienza el servicio militar en un destino lejano

Girona, 3 de marzo de 199..

Sr. Jordi Martínez Pons
División 345-J
Regimiento de Exploradores
Cuartel General de la Armada
35009 Fuerteventura (Canarias)

Querido Jordi:

Hace cuatro días que he regresado a Girona, tras haber pasado los últimos seis meses en Rusia, de lo que estabas enterado según me han comentado tus padres, con quienes he estado esta tarde.

Ellos me han dado tu dirección y me han explicado las peripecias que has pasado intentando evitar que te enviaran a un destino tan alejado de casa.

Comprendo perfectamente que ellos estén preocupados y sientan mucho que la distancia sea tan grande. En mi opinión, no obstante, no te ha tocado un destino tan desgraciado. Conozco Fuerteventura y aunque quizá un año sea un período demasiado prolongado para estar en la isla, encuentro que tiene sus ventajas, especialmente para alguien como tú, que disfruta tanto del mar.

Por otra parte, si te organizas bien tendrás mucho tiempo libre para dedicar a la lectura. En este sentido, no dudes en pedirme el material que necesites ya que te lo haré llegar tan pronto sea posible. En los próximos meses viajaré con muchísima frecuencia a Barcelona y podré despachar desde allí todos los libros que me pidas.

Esta es una carta breve ya que tengo que partir ahora mismo. Te escribiré una más larga y detallada la semana próxima. Tengo muchas cosas que contarte.

Jordi, mis mejores deseos de que seas capaz de disfrutar lo mucho que está a tu alcance a pesar de las involuntarias condiciones que te han llevado hasta allí.

Un abrazo muy fuerte de tu amigo,

Xavier
....

9

La carta correcta
para acontecimientos familiares
y sociales

Las formas de comunicación escrita que se tratan en este apartado tienen en común que sirven para informar de un acontecimiento de gran importancia en la vida de las personas.

Por otra parte, estas modalidades epistolares suelen presentar la característica de ser mensajes impresos, que se hacen llegar a un número importante de personas.

Los tipos de comunicaciones que se tratan en este capítulo son las participaciones, los recordatorios y las necrológicas así como las cartas de pésame.

LAS PARTICIPACIONES

La participación tiene como objeto avisar a una persona de nuestro entorno familiar o amistoso de una circunstancia nueva en nuestra vida que resultará decisiva a partir del momento en que se concrete. En todos los casos, esta novedad guarda una relación íntima con nuestra vida privada.

Las participaciones señalan jalones en el devenir de nuestra existencia, como ocurre en el caso del nacimiento o adopción de un hijo, su primera comunión, la ceremonia de confirmación, su compromiso matrimonial y, finalmente, su boda.

Cuando realizamos una selección de las personas a las que hemos de enviar una participación, cualquiera que sea su carácter, debemos actuar con mucha cautela.

Nuestra buena nueva sólo debe ser comunicada a personas con las que mantenemos una relación muy estrecha, que se alegrarán sinceramente al recibir la noticia.

En este sentido, no resulta demasiado oportuno anunciar la primera comunión de nuestro hijo a un proveedor con el que tenemos una buena relación laboral pero con quien no mantenemos una amistad personal. La misma falta de sentido común se vería reflejada en el hecho de participar de la ceremonia de confirmación a un superior nuestro en la empresa donde trabajamos.

Cuando se actúa de esta manera, se da lugar a una situación anómala que, en lo que se refiere a los destinatarios de estas participaciones, sólo contribuye a ponerles en una situación comprometida y a tener que mostrar un regocijo que difícilmente pueden sentir dada la relación formal que mantenemos con ellos.

Cuando se redacta el texto de **comunicación de un nacimiento o adopción,** en todos los casos se debe evitar el empleo de frases demasiado rebuscadas, sin temor a acudir a expresiones clásicas, excepto cuando nos parezcan poco ingeniosas.

Cuando nuestro círculo de amistades es reducido, de manera excepcional es posible evitar el empleo de la tradicional tarjeta impresa y hacer uso de nuestra tarjeta personal de visita, en la que escribiremos el mensaje a mano.

Desde luego, se trata de una forma menos brillante y formal de comunicar el evento, pero presenta la ventaja de evitarnos la impresión del número mínimo de tarjetas que nos exige la imprenta, muchas de las cuales quedarían sin utilizar debido al número limitado de nuestras amistades.

Cualquiera que sea la fórmula empleada, en caso de que nos parezca oportuno, podemos añadir al mensaje central una breve indicación acerca de las horas más adecuadas para la visita, teniendo muy en cuenta las largas horas de sueño que requiere un recién nacido al estipular los períodos de visita.

Por otra parte, en el caso de la adopción debemos hacer algunas consideraciones particulares. Cuando se decide la adopción de un niño, la causa más corriente es la infertilidad de uno de los integrantes de la pareja.

Esta circunstancia hace que, antes de la decisión final de la adopción, la pareja haya recurrido a diversas consultas y pruebas médicas. Por otra parte, a esta larga serie de situaciones incómodas se añade toda la cadena de problemas burocráticos que son inherentes al proceso de adopción.

No obstante, ninguna de estas experiencias debe dejar su huella en la participación de una adopción. Así, se deben descartar por completo frases del tipo de «tras años de espera», «finalmente favorecidos», etc. Por otra parte, resultaría de muy mal gusto intercalar expresiones del tipo «hemos adquirido», «nos han concedido», y similares.

Consideremos algunos ejemplos.

Ejemplo n.º 1
Comunicación del nacimiento de una niña

María y Antonio

os comunicamos con inmensa alegría
el feliz nacimiento de nuestra hijita

Cristina

Madrid, 5 de junio de 1993

Ejemplo n.º 2
Comunicación del nacimiento de niños mellizos

Amparo y Sebastián

te participan con gran satisfacción y alegría
el nacimiento de sus dos hermosos mellizos

Álvaro y **Julio**

Valladolid, 23 de abril de 1993

Ejemplo n.º 3
Comunicación de la adopción de un niño

Mercedes y José María

anuncian con gran satisfacción y alegría
que acaban de aumentar su familia con la adapción
de un adorable niño que ha recibido el nombre de

Juan Bautista

Barcelona, 12 de enero de 1993

Ejemplo n.º 4
Comunicación de la adopción de una niña

Montse y Jordi

participan su enorme satisfacción al haber adoptado
a la pequeña **Mercedes,** de dos años de edad

Lleida, 4 de agosto de 1993

Veremos a continuación la otra cara de la moneda, es decir, cómo debemos actuar al recibir una de estas gozosas comunicaciones.

Es obligado, en un primer momento, responder a través de una carta, una tarjeta o un telegrama, congratulándose por el acontecimiento, al tiempo que se muestra interés por la salud del bebé y la madre.

Lo más corriente y adecuado en estos casos es emplear los simpáticos tarjetones impresos en colores y con un dibujo o fotografía alusiva que se encuentran en los comercios, especialmente diseñados para este tipo de situaciones.

Entre otras ventajas, la utilización de algunos de estos tarjetones, divertidos y llenos de colorido, evita el empleo de las obsoletas tarjetas de color azul y rosa, que hasta no hace mucho solían enviarse, según el sexo del bebé.

En un primer momento, como decimos, lo adecuado es enviar un hermoso tarjetón y, al mismo tiempo, realizar una llamada telefónica, en la que se puede concertar el momento adecuado para realizar una visita personal, para conocer al niño y charlar con los progenitores.

A continuación siguen algunos ejemplos de textos correspondientes a tarjetones de congratulación empleados en los casos de nacimientos o adopciones.

Para ello, procederemos a ejemplificar las distintas situaciones respondiendo a las participaciones de nacimiento y adopción anteriores.

Ejemplo n.º 5
Respuesta a la comunicación del nacimiento de una niña

Tanto María Eugenia como yo nos encontramos enormemente felices por la buena nueva y os hacemos llegar nuestros mejores deseos de felicidad en esta nueva y deliciosa etapa de vuestra familia.

Un beso para la pequeña Cristina
Un gran abrazo para vosotros

María Eugenia y José Alberto

Madrid, 10 de junio de 1993

Ejemplo n.º 6
Respuesta a la comunicación del nacimiento de niños mellizos

Queridos Amparo y Sebastián:

Hemos recibido vuestra participación por el nacimiento de los ¡mellizos! Álvaro y Julio. Esta hermosa sorpresa nos ha emocionado y traído una gran alegría. Esperamos que se encuentren muy bien y que vuestra ahora «numerosa» familia sea un ejemplo de felicidad en el futuro.

Besos para los niños. Un gran beso y abrazo para vosotros

Patricia y Jorge

Buenos Aires, 10 de mayo de 1993

Ejemplo n.º 7
Respuesta a la comunicación por la adopción de un niño

Queridos Mercè y José Mari:

Recibid nuestra más sincera felicitación y deseos de mucha felicidad por la adopción del pequeño Juan Bautista.

Estamos seguros de que vuestra vida futura estará plena de felicidad y armonía.

Con el cariño de siempre,

Eulalia y Martín

La Coruña, 23 de enero de 1993

Ejemplo n.º 8
Respuesta a la comunicación de la adopción de una niña

Queridos amigos:

¡Qué hermosa y agradable sorpresa! Tanto mis padres como yo estamos ansiosos por viajar a Lleida y conocer a la pequeña Mercedes. Creo que lo haremos a comienzos del otoño.

Mientras tanto, recibid el cariño y las felicitaciones de mis padres y mías. ¡Muchas felicidades!

Os quiere mucho,

Jaume

Madrid, 23 de agosto de 1993

En cuanto a la **primera comunión** y a la **confirmación,** en la actualidad son ceremonias católicas que se suelen celebrar colectivamente, en particular cuando el niño acude a un colegio religioso.

Sin duda, la primera comunión constituye el ritual que reviste más pompa, dado que significa el compromiso del niño, dotado ya de uso de razón, con su religión. Tal como se decía tradicionalmente en los círculos católicos, «el día más feliz de la vida». Un día marcado por un traje de impecable color blanco y unas fotografías que lo recordarán para siempre.

La participación de primera comunión debe incluir, sin retórica alguna, los siguientes datos:

— Nombre del comulgante.
— Lugar donde se celebrará la ceremonia.
— Fecha de la ceremonia.

En ocasiones, la participación se complementa o es directamente sustituida por la clásica tarjeta o estampita de primera comunión. Su texto difiere del de la mera participación, ya que puede incluir una oración o bien una cita o mensaje de carácter religioso.

Lo más habitual es enviar primero la participación y dar la estampita a los asistentes a la ceremonia al final de la misma, o bien al iniciarse el posterior refrigerio o tradicional comida en el restaurante.

Por su parte, la ceremonia de confirmación suele revestir un carácter menos solemne. En el caso de enviar participación de este acontecimiento, el texto será similar al empleado anteriormente.

Cuando nos anuncian una primera comunión o confirmación es de rigor enviar una tarjeta de felicitación al comulgante, particularmente cuando por algún motivo nos es imposible acudir personalmente a la ceremonia.

Ejemplo n.º 9
Modelo de participación de primera comunión

El día 22 de mayo de 1993 a las 10 horas, el niño Carlos Martínez Robles tomará por primera vez el Sagrado Sacramento de la Comunión en la solemne ceremonia que tendrá lugar en la Capilla del Colegio de los Hermanos Maristas.

C/ Rey Alfonso, 23
Toledo

Este modelo sirve también como modelo de participación de confirmación, adaptando convenientemente los datos.

Con respecto a la tarjeta que deberíamos escribir como respuesta, es similar a la que vimos al hablar de las participaciones de nacimiento y adopción.

No obstante, es lógico elegir un tipo de tarjetón más discreto, más apropiado al carácter religioso de la comunicación epistolar.

Las **participaciones de compromiso matrimonial** revisten un carácter íntimo, razón por la cual se envían a las personas del entorno familiar o amistoso de los participantes, coincidiendo con la formalización social de la relación.

Por su parte, la participación de boda, ya sea civil o religiosa, se suele enviar aproximadamente un mes antes de la ceremonia, y en algunos casos de poca familiaridad o escasa amistad, no necesariamente va acompañada de invitación al banquete o comida posterior.

Cuando se transmite la participación de boda sin invitación, se puede posponer el envío hasta pocos días antes de la ceremonia. En estos casos, su remisión es una mera cortesía y el destinatario no se verá obligado ni a acudir a la ceremonia ni a enviar el regalo de costumbre.

Existen diversas alternativas a la hora de confeccionar las participaciones de boda. El color más habitual del tarjetón es el blanco impreso con tipografía en negro. Pero también es posible elegir una cartulina de tono pastel delicado e imprimir el texto en colores como azul claro, gris o sepia. En todos los casos conviene evitar los colores estridentes o motivos de diseño cursis como orlas, florecillas, etc.

Normalmente son los padres de los novios los que figuran como participadores de la boda de sus hijos. Se trata de un detalle de tipo tradicional que, por una parte, da fe del grado de ligazón que los novios, a pesar de la mayoría de edad, aún mantienen con sus padres. Por otra parte, es un signo de las armoniosas relaciones que existen entre ambas familias.

No obstante, en los últimos años se ha desarrollado la tendencia a que sean los propios interesados, es decir, los futuros esposos quienes participan a familiares y amigos de su próxima unión matrimonial.

Cuando sean los padres los que participan el acontecimiento a terceros, la dirección de ambas familias se debe expresar en los ángulos inferiores derecho e izquierdo del tarjetón.

En el caso de participar la boda los propios novios, también se han de indicar ambas direcciones en los ángulos inferiores. Los demás datos que se deben incluir son, evidentemente, los nombres de los contrayentes y el lugar, día y hora de la ceremonia, sea esta civil o religiosa.

Presentaremos a continuación algunos ejemplos de tarjetones de participación de compromiso y de casamiento, incluyendo sus posibles variaciones.

Ejemplo n.º 10
Participación de compromiso por parte de los padres de los novios

Juan José Pellicer
y María Fernández

Carlos Martínez
y Dolores Marechal

se complacen en anunciar el compromiso matrimonial
de sus hijos

Ana María Pellicer y Enrique Martínez

C/ Iberia, 34
Pamplona

C/ Gran Vía, 56
Bilbao

Ejemplo n.º 11
Participación de compromiso por parte de los propios novios

María Marta Anasagasti

Manuel Perlado

tienen el gusto de participar la celebración
de su compromiso matrimonial

que tendrá lugar el día 23 de agosto en
el domicilio de C/ Verbena 39, Córdoba

C/ Verbena, 39
Córdoba

C/ Azul, 18
Sevilla

Ejemplo n.º 12
Participación de casamiento realizada
por los padres de los contrayentes

Ignacio Fernández Gómez y Zulema Goicoechea tienen el placer de anunciar el matrimonio de su hijo Gustavo con Elena Mansilla	Ernesto Mansilla Pérez y Victoria Brunete tienen el placer de anunciar el matrimonio de su hija Elena con Gustavo Fernández

Zaragoza, 3 de octubre de 1993, 11 horas
Juzgado Provincial Centro

C/ Héroes, 34 Zaragoza	C/ Vírgenes, 45 Zaragoza

Ejemplo n.º 13
Participación de casamiento por parte
de los propios contrayentes

Guadalupe Fernández Buey	Marcelo Pérez Yruela

tienen el placer de comunicar su enlace matrimonial
en la Iglesia Parroquial del Santo Cristo
el 4 de septiembre de 1993 a las 11,30 horas

C/ Valencia, 23 Barcelona	C/ Mártires Sur, 56 Barcelona

Es conveniente observar que en la actualidad indicar en primer lugar los nombres de los padres del novio o de la novia es opcional. Lo mismo ocurre con respecto al orden de colocación del nombre del novio o de la novia cuando son ellos directamente los que anuncian el acontecimiento.

Sin embargo, en el grupo de nombres de cada familia, sí es conveniente citar primero al padre, pues su apellido es el que figurará más abajo como el del novio o de la novia.

LOS RECORDATORIOS

La costumbre de enviar un recordatorio es muy antigua y subsiste en la actualidad aunque su uso haya decaído de la misma manera que todos los intercambios epistolares.

Su función principal es la de dejar constancia a una persona de un acto o una ocasión particular que fue importante en nuestra vida. Normalmente se envía a aquellos miembros de nuestro entorno familiar o círculo de amistades que, por cualquier razón, no pudieron acompañarnos en dicha ocasión.

El envío de un recordatorio es un detalle de buen gusto que nuestros amigos recibirán gratamente. Las ocasiones para enviarlos son las siguientes: la reciente celebración de un bautizo, la primera comunión o boda, o el reciente fallecimiento de un familiar o allegado.

En los dos primeros casos, sólo se envía una vez y sirve básicamente para dar la noticia a alguien al que no se avisó del evento, por la razón que sea, en el momento adecuado.

No tiene demasiado sentido volver a recordarle a alguien que acudió a un bautizo o una primera comunión, o al menos se dio por enterado, que el acto se llevó a cabo tal día a tal hora. Tampoco es costumbre celebrar los aniversarios de estos dos ceremoniales religiosos.

En el caso de una boda o un fallecimiento, existen dos ocasiones para enviarlos: cuando a alguien no se le informó oportunamente del hecho o, más corrientemente, al celebrar un aniversario.

Los aniversarios de boda se suelen comunicar cuando se han cumplido cinco, diez, veinte, treinta, etc. años de casados. Sólo en estas ocasiones se justifica enviar un recordatorio al que, cuando se considere oportuno, se puede añadir una invitación para acudir a una fiesta o reunión conmemorativa.

El texto de la invitación podrá incluirse en el mismo recordatorio, sin necesidad de acudir a otra tarjeta diferente. Por el contrario, los aniversarios de defunción que se suelen anunciar con un recordatorio son el primero y el segundo, como mucho, pues sería de mal gusto repetirlo más. Normalmente, estos recordatorios incluyen la convocatoria a un funeral o el ruego de una oración por el alma del difunto.

Los recordatorios se envían siempre impresos sobre tarjetas de color blanco y con tipografía discreta. En el caso de los recordatorios de defunción, suele hacerse una excepción e imprimir el mensaje en una tarjeta que reproduzca un motivo gráfico religioso, similar a las empleadas para anunciar un entierro o un funeral.

A continuación veremos dos modelos: uno para las circunstancias alegres, pues su texto es muy similar, bastaría alterar algún dato para que fuera intercambiable; el segundo modelo es para el suceso fúnebre.

Ejemplo n.º 1
Modelo de recordatorio de las bodas de plata de un matrimonio

Diego y Mercedes

os recuerdan las bodas de plata de su matrimonio.
Nos gustaría mucho contar con vuestra presencia en la
fiesta conmemorativa el día 25 de noviembre a las 19.00
horas en nuestra casa.

Ejemplo n.º 2
Modelo de recordatorio del aniversario de fallecimiento de una persona

Los apenados hijos y esposa de Carlos Miró recuerdan
con dolor el primer aniversario de su tránsito al cielo y
les ruegan una oración por su alma.

El funeral tendrá lugar el proximo 4 de mayo
a las 18.00 horas en la Catedral

Como queda claro en el primer modelo, el recordatorio de un evento, en este caso, un matrimonio, incluye una invitación, bastará llevar un detalle cuando acudamos a la cita, no siendo necesario proceder a una comunicación escrita.

En el segundo de los modelos, cuando no nos sea posible acudir a la cita por cualquier razón, siempre se puede enviar una tarjeta personal con un breve mensaje personal o, en caso extremo, realizar una llamada telefónica.

LAS NECROLÓGICAS

Las necrológicas o esquelas son los anuncios que se publican en la prensa notificando un fallecimiento. En el pasado, esta comunicación se realizaba persona a persona mediante una tarjeta de luto, que era una especie de tarjeta de visita bordeada de una banda de color negro.

Actualmente, esta antigua costumbre se ha sustituido totalmente por la publicación de la esquela en un diario provincial, en la mayoría de los casos, y en uno de ámbito nacional, si la persona fallecida poseía un rango social, profesional, cultural o político de especial distinción.

Este tipo de nota mortuoria se transforma en un homenaje póstumo al difunto, pues la noticia de su muerte llega incluso a personas que no le conocieron en vida. Este carácter de homenaje puede ser subrayado por el estilo con que se redacta la noticia, que puede ir desde la estricta comunicación de los hechos, hasta la adopción de un tono claramente afectuoso o, incluso, hasta decididamente poético.

Los elementos de que se compone una esquela son los siguientes: los nombres de los familiares que anuncian el fallecimiento, el nombre del difunto, las fechas de fallecimiento y de celebración del entierro, el lugar donde se expondrá el cadáver para el velatorio y el lugar donde tendrá lugar la ceremonia fúnebre.

La disposición de estos elementos sigue aproximadamente el orden expuesto, aunque se puede producir alguna alteración, por ejemplo, citando en primer lugar el nombre del familiar que nos ha abandonado.

En la esquela también se pueden hacer constar datos tales como el cementerio donde reposarán los restos o el lugar donde se esparcerán las cenizas, en caso de producirse una incineración y que esta haya sido la voluntad del difunto.

Asimismo, pueden añadirse notas del tipo «no enviar flores», si así se desea.

En un principio, antes de generalizarse la costumbre de publicar la esquela en los diarios, era frecuente ver en ellas la indicación «no se reparten esquelas», que quería significar que no se comunicaría el suceso personalmente, a través de envíos postales. Hasta aquí hemos hablado de la nota necrológica como comunicación de un fallecimiento, pero no debemos olvidar otros usos que también tiene esta reserva de espacio hecha en un diario.

A través de ella se puede comunicar el aniversario de la muerte de un ser querido, con lo que la esquela pasa a ser un buen sustituto del recordatorio de defunción, del que tratamos anteriormente.

Ante la imposibilidad de agradecer su gesto, una por una, a todas las personas que nos dieron su pésame, la esquela puede convertirse en una nota de agradecemiento de carácter global.

Finalmente, la nota necrológica puede incluir, no un mensaje de los familiares, sino una nota de pésame en la que una persona o colectivo vinculado por razón de amistad, trabajo u otra circunstancia al difunto, muestra su pesar.

En los modelos que se presentan a continuación, se ofrece un muestrario ilustrativo de las variantes más destacadas de la esquela que acabamos de tratar.

Ejemplo n.º 1
Comunicación de fallecimiento

El señor

DON MARCELINO RODRÍGUEZ VÁZQUEZ

falleció ayer a la edad de 92 años, confortado con los Santos Sacramentos. Su desconsolada esposa María, sus hijos Juan y Ramón, así como demás familiares, ruegan una oración por su alma.

El entierro se celebrará mañana, día 23, a las 11 horas en la parroquia del Divino Pastor.
A continuación serán trasladados los restos al Cementerio Municipal.

Ejemplo n.º 2
Recordatorio del segundo aniversario
del fallecimiento

Segundo aniversario

JORGE MARTÍN GARCÍA RAMÍREZ

Sus hijos, que mantenemos vivo su recuerdo, rogamos le tengan presente en sus oraciones.

Ejemplo n.º 3
Agradecimiento público a numerosos testimonios de condolencia

Los familiares del señor

FRANCISCO JOSÉ GUTIÉRREZ MÉNDEZ

que falleció el 8 de enero de 1992, ante la imposibilidad de poder corresponder de forma particular a los numerosos testimonios de condolencia recibidos con motivo de su fallecimiento, lo hacen saber por medio de estas líneas, significando a todos su más profundo agradecimiento.

Ejemplo n.º 4
Esquela de los compañeros del difunto

Amigo

FRANCISCO «PACO» ÁLVAREZ RIEGO

Tus compañeros de Alimentos Méndez y Prescott nunca podremos olvidar tu permanente buen humor y tu cordial llaneza.

Descansa en paz.

Como es posible observar en los ejemplos precedentes, la manera de citar al difunto puede ser conservando el tratamiento que se le dispensaba en vida, o simplemente, indicando su nombre y apellidos.

Esta vieja fórmula resulta la más idónea, pues indica claramente la vieja verdad de que todos somos iguales ante la muerte.

En ocasiones, la cita de un cargo o título del difunto es de rigor para poder identificarlo mejor, cuando se trata de un personaje público o cuando el anuncio publicado en el diario es la nota necrológica de una empresa o institución pública.

APÉNDICE
DE
ORTOGRAFÍA PRÁCTICA

10

Introducción a la escritura

¿Es difícil escribir bien?

¿No es un lío todo eso de los acentos, las haches, las bes y las uves?

¿Qué es un diptongo?

¿Cómo se escribe el número 33 814?

¿Cuándo debe ponerse coma, punto y seguido o punto y aparte?

Quién no se ha visto en alguna ocasión en la necesidad de escribir una carta, redactar un informe o detallar en un albarán el contenido de un envío, y se ha hecho estas mismas preguntas. ¿Pongo aquí un acento? ¿Se escribe treinta y tres o *trentaitrés*? La verdad es que, cuando uno lee los periódicos o cualquier texto impreso ve que muchas palabras llevan tilde en esta o aquella vocal, y no sabe a ciencia cierta a qué regla obedece. Ciertamente, todo ello puede parecer complicadísimo.

La ortografía es la parte de la gramática que enseña a escribir correctamente por el acertado empleo de las letras y de los signos auxiliares de la escritura. Así define esta palabra el *Diccionario de la lengua española* (DRAE) de la Real Academia Española (RAE). También la Academia es la encargada de redactar la gramática, «arte de hablar y escribir correctamente una lengua y libro en que se enseña», es decir, de establecer normas y reglas necesarias para que todos esos millones de seres humanos que hablamos español podamos entendernos. Claro está que el modo en que lo hace resulta un tanto oscuro a los ojos del hablante medio de nuestra lengua.

Por ello, la presente obra trata de acercarle esas normas, traduciendo a un lenguaje más asequible el capítulo dedicado a «Ortografía» del *Esbozo de una nueva gramática de la lengua española* de la RAE, desbrozándolo de reflexiones lingüísticas que nada aportan a un profano en la materia y sistematizando algunas cuestiones sobre las que la Academia no acaba de aplicar un criterio uniforme y razonado (caso, por ejemplo, del uso de las mayúsculas), basándonos en la aportación de otros tratadistas de reconocida autoridad.

11

La sílaba

Las palabras en español están compuestas de sílabas. Una sílaba es el fonema o conjunto de fonemas articulados que forman un núcleo fónico entre dos depresiones sucesivas de la emisión de la voz; dicho más sencillamente: es el sonido o conjunto de sonidos que se pronuncian con cada una de las intermitencias de voz.

CLASES DE SÍLABAS

1. Según sea su terminación en vocal o consonante, la sílaba se divide en:

   — sílaba libre (la que acaba en vocal): p. ej., *ca-ma*;
   — sílaba trabada (la que acaba en consonante): *cons-pi-rar*.

2. En razón del acento puede ser:

   — átona (aquella en que no recae el acento de intensidad): *lá-piz*;
   — tónica (aquella en que recae el acento de intensidad, lleve o no acento gráfico, es decir, tilde): *lá-piz*.

3. Por el número de letras que la componen puede ser:

   — monolítera (una letra): *y*;
   — bilítera (dos letras): *va*;
   — trilítera (tres letras): *mes*;
   — cuatrilítera (cuatro letras): *tres*;
   — pentalítera (cinco letras): *trans-*.

En español no existen sílabas de más de cinco letras.

REGLAS DE DIVISIÓN SILÁBICA

La lengua española divide los sonidos por sílabas según las siguientes normas:

1. *Una sola consonante entre dos vocales* se agrupa con la segunda sílaba: me-_sa_, a-_gu-je-ro_, etc.

   A esta misma regla se ajustan los dígrafos (consonantes dobles en la escritura) *ch, ll, rr*, que corresponden a un solo fonema y se consideran, a efectos de la separación silábica, como una consonante simple: *ca-_lle_, a-_chi_-na-do, ca-_rro_*.

2. En un grupo de *dos consonantes iguales o diferentes entre dos vocales*, la primera consonante se une a la vocal anterior, y la segunda, a la siguiente: _in_-_men-so_, _gim-nas-ta_, a-_cier-to_, etc.

   Las palabras con *h* intercalada también siguen esta regla, aunque en la pronunciación esta *h* sea muda: in-_ha_-lar, des-_ho_-lli-nar, etc.

   Excepción: los grupos consonánticos *pr, pl, br, bl, fr, fl, tr, dr, cr, cl, gr, gl* se unen a la vocal siguiente: *a-_pren_-si-vo, a-_plau_-so, a-_bri_-go, a-_blan_-dar, re-_fres_-co, a-_flo_-jar, a-_tran_-car, e-_dre_-dón, re-_cru_-de-cer, a-_cla_-rar, a-_gri_-cul-tu-ra, des-_glo_-sar.*

3. El grupo *tl*, a principios de palabra, forma sílaba con la vocal siguiente; entre dos sílabas, la RAE acepta que se divida según la regla 2 (_At_-lán-tico) o según la excepción a esta regla (A-_tlán_-ti-co).

4. En un grupo de *tres consonantes*, las dos primeras se unen a la vocal precedente, y la tercera, a la siguiente: _trans-mu_-tar, _obs-te_-tri-cia, _in-cre_-men-tar, etcétera.

   Excepción: si en el grupo de tres consonantes las dos últimas forman los grupos *pr, pl, br, bl, fr, fl, tr, dr, cr, cl, gr, gl*, estas se unen a la vocal siguiente: _des-pre_-cio, _in-flu_-en-cia, _en-gro_-sar, _en-tre_-te-ner, etc.

5. En un grupo de *cuatro consonantes*, las dos primeras se unen a la vocal precedente, y las dos últimas, a la siguiente: _obs-truc_-ción, _trans-gre_-dir, etc.

6. En un grupo de *dos vocales* pueden darse dos casos:

   — que esté constituido por un *diptongo*, es decir, por *dos elementos vocálicos articulados en una misma sílaba*, ya abiertos *(a, e, o)*, ya cerrados *(i, u)*, o una combinación de ambos, en cuyo caso el elemento vocálico cerrado o débil debe ser átono, o sea, no acentuado: _bai_-le, con-ti-_nuo_, _rai_-gam-bre, _cuo_-ta, _cui_-da-do, etc.;

— que esté constituido por un hiato, es decir, por *dos vocales plenas constituyentes de sílabas contiguas pero distintas*, que pueden ser: *a*) dos vocales abiertas, tónica una de ellas y átona la otra, sea cual sea el orden (caso en el que también puede producirse diptongo; v. «Reglas de acentuación», §7): *le-al, arre-ó, brace-o*, etc.; *b*) una vocal abierta átona y otra cerrada tónica, cualquiera que sea el orden: *dí-a, cacatú-a*, etc.; *c*) una vocal cerrada átona y una abierta tónica (caso en que también puede darse diptongo); *d*) dos vocales átonas, abiertas o cerradas, en cualquier orden y combinación (caso que también podría dar lugar a diptongo; v. «Reglas de acentuación», §7): *fri-aldad, re-unir, ge-odésico, di-uresis*, etc.

7. En grupos de *tres vocales* contiguas pueden darse dos circunstancias:

— que están formados por una vocal cerrada átona+vocal abierta tónica+vocal cerrada átona, en cuyo caso forman *triptongo* y se pronuncian en una misma sílaba: *va-ciáis, co-piéis, miau, dioi-co, a-guáis, buey, a-ve-ri-güéis, guau*;
— que el acento de intensidad recaiga sobre cualquiera de las dos vocales cerradas, caso en que la división silábica se efectúa agrupando las dos vocales átonas en una sílaba, y la tónica, en otra: *de-cí-ais, a-gua-í*.

REGLAS DE DIVISIÓN DE PALABRAS A FINAL DE RENGLÓN

Tanto en lo manuscrito como en lo impreso, es preciso dividir una palabra cuando, al final del renglón, esta no cabe entera, lo cual ocurre con frecuencia.

En la división de palabras ha de respetarse la integridad de las sílabas, aplicando las normas de división silábica que hemos visto de modo que, al escribir una parte del vocablo, quede entera al menos una sílaba del mismo. Esta regla general debe cumplirse, con las siguientes salvedades:

1. Cuando la primera o la última sílaba de una palabra sea una vocal, no debe dejarse sola a final o principio de renglón. Así, por ejemplo, no podemos dividir: *a-/mores, o-/régano,* o *emple-/o, habí-/a*.

   No obstante, cuando la palabra está compuesta por una sola vocal, sí puede colocarse a final o principio de renglón: *voy/a Madrid, usted y/yo*.

2. Los diptongos, hiatos y triptongos son inseparables en palabras simples.

3. En palabras compuestas formadas por la combinación de un prefijo (exceptuando *in-* y *an-*) + una palabra o de dos palabras, la Academia permite que estas se dividan según sus elementos o según las reglas generales de la separa-

ción silábica; ambas formas son aceptadas. Así, tan lícito será *de-sahuciar* como *des-/hauciar* o *ma-/lestar* como *mal-/estar*.

Cuando en los compuestos el primer elemento acaba en vocal y el segundo empieza a su vez por vocal, la división se efectúa separando las vocales: *entre-/acto, guarda-/agujas, hispano-/americano*.

Por lo demás, sólo añadir que *deben evitarse las separaciones de términos o elementos entre los cuales exista dependencia o complementariedad*; así, resultan incorrectas separaciones del tipo: *15-/30 días, 253/automóviles, 48/kg, 25-/10-1965, apartado/a, J./F. Kennedy, SS./MM.*, etc.

12

Reglas de acentuación

En español, las palabras pueden ser *tónicas* (una de sus sílabas destaca por su intensidad y nitidez articulatoria) o *átonas* (ninguna de sus sílabas sobresale de las demás). No obstante, cualquier palabra pronunciada de forma aislada es tónica; sólo podremos saber si es átona en una secuencia de palabras.

Como norma general, conviene recordar que se consideran palabras *átonas* las siguientes:

— los artículos determinados;
— las conjunciones;
— los pronombres relativos (excepto *el cual, la cual...*);
— el adverbio *tan* y los adverbios relativos *donde, cuando, como, cuanto*;
— los pronombres personales *me, te, se, le, la, lo, les, las, los, nos, os*;
— la forma *cual* cuando equivale a *como* («cual si fueran»).

En la lengua española, las palabras pueden tener como *sílaba tónica* la última, la penúltima, la antepenúltima y la anterior a la antepenúltima.

Todas las sílabas tónicas llevan acento, entendiendo por *acento* la mayor intensidad con que se distingue un sonido (el elemento vocálico de la sílaba) de los restantes sonidos próximos a él; pero no todas las sílabas tónicas llevan tilde. La *tilde* es el elemento gráfico (´) de función variable, a veces fonética (tónica), a veces diacrítica (distintiva), con el que en español se marca la sílaba tónica en los casos establecidos por las reglas de acentuación ortográfica.

Cuando la tilde tiene una función tónica *(acento tónico)*, las reglas de acentuación son las siguientes:

1. Sólo llevan tilde las *palabras agudas* (aquellas cuya última sílaba se pronuncia con más intensidad) cuando terminan en *n, s* o *vocal*: *sofá, acné, benjuí, dominó, Perú, jamás, anís, camión, según*, etc.

2. Se acentúan (llevan tilde) las *palabras llanas*, es decir, aquellas cuya penúltima sílaba se pronuncia con más fuerza, cuando no terminan ni en *a, e, i, o, u* (vocal), ni en *as, es, is, os, us (s)*, ni en *an, en , in, on, un (n)*: al*cá*zar, *cés*ped, *fé*mur, Cris*tó*bal, al*féi*zar, al*fé*rez, etc.

3. Las *palabras esdrújulas* (aquellas cuya antepenúltima sílaba se pronuncia con más intensidad que las otras) llevan tilde en todos los casos, independientemente de su terminación: pi*rá*mide, *crí*tico, *fó*nico, *lám*para, e*léc*trico, *hé*roe, *mí*ralo, de*cí*dete (para aclarar estos dos últimos ejemplos, véase más adelante § 5), etcétera.

4. Asimismo, las *palabras sobresdrújulas*, que son aquellas en que se carga la intensidad tres y aun cuatro sílabas antes de la última, se acentúan siempre: *sá*catelos, es*crí*beselo, ha*bién*domelo, etc.

5. En los casos de *tiempos verbales acrecentados con pronombres enclíticos* (v. anteriormente, ejemplos de §§ 4 y 5), pueden darse diversas circunstancias:

   — cuando una forma verbal lleva acento, lo conserva aun cuando se le agregue un pronombre: casti*gó*me, conmo*vió*la, etc.;
   — si, al posponer un nombre a una forma verbal, esta se convierte en palabra esdrújula o sobresdrújula, hay que acentuarla como a tal, aunque de por sí no llevara tilde: a*brié*ronse, sa*cá*ronla, a*cép*taselo, etc.

6. En *palabras compuestas* deben considerarse los siguientes casos:

   — cuando un vocablo se compone de dos elementos, ha de suprimirse el acento que corresponde al primer componente, ya que este pierde el acento prosódico: decimo*sép*timo, riopla*ten*se, etc.;
   — no ocurre así en los adverbios formados por adjetivo + *-mente*, en que ambos elementos conservan su tonicidad propia; en este caso, el adverbio acabado en *-mente* sólo llevará tilde si el adjetivo, es decir, su primer componente, la lleva como forma simple: *pul*cra>pulcramente, mag*ná*nima>mag*ná*nimamente, etc.;
   — cuando un vocablo compuesto está formado por dos adjetivos unidos mediante guión, cada elemento debe conservar su acento: *fí*sico-*quí*mico, his*tó*rico-cien*tí*fico, etc.

7. En cuanto a la acentuación de *diptongos y triptongos*, cuando la sílaba tónica con diptongo o triptongo debe llevar acento ortográfico (tilde) según las reglas que acabamos de mencionar, este se coloca sobre la vocal abierta *(a, e, o)* del diptongo o triptongo, y si las dos del diptongo son cerradas *(i, u)*, sobre la segunda.

Atención: el diptongo formado por dos vocales abiertas (dos vocales abiertas pronunciadas en una misma sílaba: *ca-ca̱o, Guipúz-co̱a,* etc.) se considera siempre hiato a efectos ortográficos y se acentúa siguiendo la regla que daremos para los hiatos.

8. Cuando dos o tres vocales contiguas, una de ellas tónica, se pronuncian en sílabas distintas *(hiato),* la acentuación depende de las siguientes circunstancias:

    — en caso de que la vocal tónica sea abierta *(a, e, o),* se siguen las reglas generales de acentuación dadas: *fastu-o̱so, vi-a̱je, emple̱-o, deseábamos, actu-ó,* etc;
    — en caso de que la vocal tónica sea cerrada *(i, u),* se coloca el acento ortográfico o tilde sobre la vocal cerrada, sin tener en cuenta las reglas generales del acento ortográfico: *dí-a, bú-ho,[1] rí-o, ca-í-amos, sonre-í-a, decíais, Ata-úlfo, corro-í,* etc;
    — en caso de que ambas vocales sean cerradas, sólo se acentúa la vocal cerrada tónica cuando lo exijan las reglas generales de acentuación: *ben-ju-í, hu-í, sa-mu-hú* (agudas), *fri-í-si-mo, ca-su-ís-ti-ca* (esdrújulas); pero no: *se-mi-hi̱-lo, di-u̱r-no, je-su-i̱-ta*s o *cons-tru-i̱r* (llanas acabadas en vocal y ese, y aguda acabada en erre, por poner algunos ejemplos de casos que no deben acentuarse).

9. Los *monosílabos* (vocablos de una sola sílaba) por regla general no se acentúan; sólo aceptan tilde los tónicos que podrían entrar en conflicto con otros átonos de la misma forma gráfica pero de distinto significado y categoría gramatical.

Seguidamente facilitamos una relación de palabras que varían su significado según lleven o no tilde *(acento diacrítico o distintivo).*

Adonde/adónde. No se acentúa cuando quiere decir «al lugar que»; se acentúa cuando significa «a qué lugar».

Aquel, aquella (sing. y pl.) / aquél, aquélla (sing. y pl.).[2] No se acentúan cuando son adjetivos demostrativos, es decir, cuando acompañan a un sustantivo, un adjetivo sustantivado o preceden como antecedente a una oración de relativo: *Me lo dijo aquella chica. Estos libros son míos. No soporto a ese déspota. Aquel que ríe es mi hermano. El profesor premia a aquellos a quien* [o *a quienes*] *no tienen nada que reprochar.*

Atención: recuérdese que los pronombres demostrativos neutros *esto, eso* y *aquello* no deben acentuarse, error que se comete con frecuencia.

---

1. En caso de h intermedia, al ser una consonante muda, inexistente a efectos de pronunciación, no se considera a la hora de establecer agrupaciones silábicas
2. La Academia considera lícito prescindir del acento en los pronombres *éste, ése* y *aquél* y sus respectivos femeninos y plurales cuando no exista riesgo de ambigüedad, es decir, siempre que quede claro a qué elemento anterior del discurso se refieren.

Se acentúan cuando son pronombres demostrativos, es decir, cuando sustituyen a un sustantivo o adjetivo sustantivado que se ha mencionado previamente, y siempre que eviten una posible confusión: *La tía Rosa pensó que a la pobre* [otro personaje del que se ha venido hablando] *le flaqueaba la memoria; aquélla* [Rosa] *guardaba muy buenos recuerdos de los viejos tiempos, pero ésta* [la pobre mujer] *sólo conservaba imágenes vagas del pasado.*

Como/cómo. Se acentúa cuando significa «de qué modo» o «de qué manera, por qué motivo, en virtud de qué»: *¿Cómo has llegado aquí? ¿Cómo le has ordenado tal cosa? Yo no sé cómo aguanta que estés todo el día detrás de él. Ignoraba cómo era su tío. ¡Si supiera usted cómo se puso! Puede ser de interés considerar cómo el peso influye en la velocidad de un barco.*

Se acentúa , asimismo, cuando se pronuncia con énfasis: *¡Cómo! ¿Es posible tal cosa?,* y también cuando significa «¿qué precio?»: *¿A cómo lo pagaste?,* así como cuando se usa sustantivo, en cuyo caso se le antepone el artículo *el*: *Hay que averiguar el cómo y el porqué.*

Resulta, pues, que *como* se acentúa cuando se usa en interrogaciones o en sentido interrogativo, dubitativo, investigativo y ponderativo. Así, en los ejemplos: *Así fue como Juan se encontró solo. De manera semejante a como se estampan las medallas,* no debe acentuarse porque equivale a *el modo que* o *la manera que,* es decir, se usa en sentido expositivo.

Cual/cuál (sing. y pl.). Se acentúa cuando, como adjetivo o pronombre, se usa en interrogaciones o en sentido interrogativo y dubitativo: *¿Cuál te gusta más? ¿Cuáles de ellos son los más robustos? Se trata de saber cuáles especies son las más resistentes. Pregunta cuáles son los formularios que hay que llenar. Ignoro cuál de las dos es la más hacendosa. Depende de cuál sea su temperamento.* También se acentúa cuando se usa como disyuntivo: *Las novelas de aquel escritor, cuál más, cuál menos, son de mala calidad.* Asimismo, lleva acento cuando equivale a *cómo*: *¡Cuál gritan esos malditos!*

En los demás casos no se acentúa: *Cada cual hace lo que puede. Esperó un rato a su primo, el cual había ido de compras.*

Cuan/cuán. Se acentúa cuando se usa en sentido ponderativo: *¡Cuán desdichada fue su hermana! Nunca se sospechó cuán rápidamente se propagaría la noticia.*

Como correlativo de *tan* no se acentúa: *Tan severo será el hijo cuan severo fue el padre.*

Cuando/cuándo. Se acentúa cuando se usa en interrogaciones o en sentido interrogativo, dubitativo o investigativo, es decir, cuando significa *en qué tiempo, en qué ocasión*: *¿Cuándo llegará su hermano? No sé cuándo empezarán las clases. Pregúntale cuándo piensa llegar. Averigüe cuándo suele salir de paseo.*

También se acentúa cuando se usa como conjunción distributiva: *Siempre se le ve por casa, cuándo arriba, cuándo abajo*. O cuando se sustantiva: *No he podido saber el cómo ni el cuándo*

En los demás casos, no se acentúa: *Nos veremos cuando vengas a mi casa. Cuando lo de Julia, te mostraste muy entero*.

Cuanto, cuanta/cuánto, cuánta (sing. y pl.). Se acentúan cuando se usan en interrogaciones o en sentido interrogativo, dubitativo, investigativo y ponderativo: *¿Cuánta leche se ha bebido? Pregúntale cuántos pasteles se comió el niño. No sé cuánto tiempo tardará. Averigüé cuánto dinero cobró. ¡Cuánta paciencia hay que tener! ¡Cuánto me alegro de su llegada! ¡Si supiera usted cuánto me gustaría confiar en ello! Las niñas me escribieron para contarme cuánto se habían divertido aquel día.*

No se acentúan en los demás casos: *Come cuanto quieras* [todo lo que quieras]. *Le compro a usted cuantos pares de zapatos tenga* [todos los pares que tenga]. *En cuanto vuelva la señora dile que la espero. No ha de ser oro cuanto reluce. Él reconoció su falta, tanto más cuanto que ya sabía que le habían perdonado.*

Cuyo, cuya/cúyo, cúya (sing. y pl.). Se acentúan si se usan en interrogaciones o en sentido interrogativo, dubitativo e investigativo, lo cual ha caído en desuso: *¿Cúyo ha de ser el fruto del huerto? No sé cúya culpa ha sido.* (En estos ejemplos, *cúyo* y *cúya* significan «de quién».)

Cuyo no se acentúa cuando es pronombre relativo sinónimo de «el/del cual, la/de la cual»: *En un lugar de la Mancha, de cuyo nombre no quiero acordarme... Aquella mujer, cuya madre había sido la nodriza de mi padre, siempre se ha considerado su hermana de leche.*

Tampoco se acentúa cuando es sinónimo de «galán» o «amante», acepción también en desuso: *Juana tiene ya su cuyo.*

De/dé. No se acentúa cuando, como sustantivo femenino, designa la letra *d*.

Tampoco se acentúa cuando es preposición: *Cuchara de madera. Vengo de su casa. Comió de pie.*

Se acentúa cuando es forma del verbo *dar*:

Subjuntivo presente	*Imperativo*
Yo dé	Da tú
Tú des	Dé él
Él dé	Demos nosotros
Nosotros demos	Dad vosotros
Vosotros deis	Den ellos
Ellos den	

Así por ejemplo: *Espera que el cura le dé la bendición. Dé usted por concluido el asunto.*

Debido a que la forma verbal *dé* se acentúa sólo para distinguirla de la preposición *de*, algunos opinan que debe suprimirse el acento cuando se le agrega un pronombre y debería, por lo tanto, escribirse: *Dele usted su merecido. Deme lo que me corresponde,* por ser evidente su función verbal al añadirle el pronombre.

Nosotros, en virtud de la siguiente regla de la gramática de la Academia: «Los tiempos de verbo que llevan acento ortográfico lo conservan aun cuando acrecienten su terminación tomando un enclítico», creemos preferible que no se suprima el acento de *dé* y se escriba: *Déle usted su merecido. Déme lo que me corresponde.*

Donde/dónde. Se acentúa siempre que se usa en interrogaciones o en sentido interrogativo, dubitativo, investigativo o ponderativo: *¿Dónde has puesto su sombrero? Pregúntale dónde está su padre. ¿Por dónde pasó? ¿Dónde iremos? A veces me pregunto de dónde saca tanto dinero. ¡Hasta dónde hemos llegado!*

No se acentúa en los demás casos: *Tu hermano siempre está donde hace falta. Iremos donde no llaman. Aquí es donde está mejor. La casa donde nací ya no existe. Allá es hacia donde se dirige. Esto me escribió, de donde infiero que ya estaba antes de acuerdo conmigo.*

El/él. No se acentúa cuando es artículo: *El hombre es un ser racional. Este es el de ayer* el [niño de ayer]. *Hasta el del sombrero hongo se reía* [el señor del sombrero hongo].

Se acentúa cuando es pronombre: *Él se desayunaba a las seis, y ella, a las ocho. Habló él después de un acceso de tos. Al ver el obstáculo se dirigió hacia él. Vio un lago y, al llegar a él, descansó en la orilla. A pesar de ello, todos se dirigieron al cercado y desaparecieron detrás de él.*

Este, esta / éste, ésta (sing. y pl.). No se acentúa cuando son adjetivos demostrativos: *Este árbol es muy umbroso. Estas muchachas han bailado muy bien. Estos chicos se han peleado. La fastidia el chico este* [nótese que aquí el adjetivo sigue al nombre, en vez de precederlo].

Se acentúan cuando son pronombres demostrativos: *Dáselo a éste* [alguien que no es necesario nombrar]. *El campo estaba cubierto de escarcha, pero ésta se fundió al salir el sol. Divididos estaban caballeros y escuderos; éstos contándose sus vidas, y aquéllos, sus amores. No he traído más equipaje que éste. Ha sido éste su mayor error* [ha sido este error su mayor error].

Nótese que no debe acentuarse *esto*, que es sólo pronombre: *Esto vale más que aquello.*

Cuando *este, esta*, y sus plurales *estos, estas* van acompañados de un pronombre, no se acentúan: *Estos que ves aquí son los que prefiere Enrique. La rosa más bonita es esta que tengo.*

Este no se acentúa cuando es sustantivo, sinónimo de «Oriente»: *Viento del Este.*

Ese, esa / ése, ésa (sing. y pl). Se acentúan en los mismos casos que *este, esta, estos, estas.*

   Atención: ese no se acentúa cuando es el sustantivo que designa la letra *s.*

   No debe acentuarse el pronombre *eso: Dame eso.*

Mas/más. No se acentúa cuando es sustantivo, sinónimo de «masada» o «masía», y cuando designa un peso de metales que se usa en Filipinas.

   Tampoco se acentúa cuando es conjunción, sinónimo de «pero»: *La esperamos toda la mañana, mas en vano.*

   Se tilda cuando es adverbio de cantidad: *Más vale prevenir que curar. Alberto tiene más dinero que inteligencia. Tienes que ser más prudente.*

   También se acentúa cuando aparece sustantivado como equivalente de «ventaja»: *Todo tiene sus más y sus menos.*

Mi/mí. No se acentúa cuando, como sustantivo, designa la tercera nota de la escala musical.

   No se acentúa cuando es adjetivo posesivo: *Mi libro y mis cuadernos están sobre el pupitre.*

   Se acentúa cuando es pronombre personal: *Lo hizo por mí. Dámelo a mí. Sin mí no harán nada.*

O/ó. Sólo se acentúa en textos manuscritos cuando se halla entre números, para que no se confunda con un cero: *Se calcula en 5 ó 6 meses el plazo de rentabilización de esta inversión.*

Porque/porqué. No se acentúa cuando es conjunción causal: *No lo hizo, porque se lo impidieron.*

   No se acentúa cuando se usa como conjunción final, equivalente a *para que: Lo hago porque vea que me importa.*

   Se acentúa cuando es sustantivo, sinónimo de «causa, motivo, porción, cantidad»: *Ignoro el porqué de su actitud. Todos reclamaron su porqué.*

Que/qué. Se acentúa cuando se usa en interrogaciones o en sentido interrogativo, dubitativo, investigativo y ponderativo: *¿Qué desea usted? ¿Por qué llegó tarde? Dime qué barullo es ese. No sé por qué tienes tantos problemas por resolver. No comprendo por qué se oponía a ello. Trate de saber por qué se portó mal. ¡Qué de sandeces dijo! Pregúntale qué día vendrá. ¡Qué niño más lindo! Ya verás qué bien canta. ¡Qué sabe el pobre! ¡Miren qué rápido es! Vas a ver qué sencillo es.*

   Se acentúa también cuando se usa como exclamación: *¡Qué! ¡Pues qué!*

   Se acentúa cuando equivale a «el que, lo que, la que»: *Dile qué camino ha de tomar* [el camino que ha de tomar]. *No sabía qué hacer* [lo que hacer]. *Mira de qué suerte te dejas* [de la suerte que le dejas]. *Mira qué pronto ha venido* [lo pronto que ha venido]. *Sé muy bien de qué me hablas* [de lo que me hablas].

Asimismo, se acentúa cuando se sustantiva o es pronombre indefinido: *Averigua el qué y el cómo. Sin qué ni para qué. Dale qué comer* [algo para comer]. *No tiene con qué entretenerlo* [nada para entretenerlo].

Los oficios del vocablo *que* son muy numerosos y, aparte de los casos señalados, no toma nunca acento.

He aquí unos ejemplos en que no se acentúa, a pesar de hallarse entre signos de admiración: *¡Que no diga más sandeces!* [compárese con: *¡Qué de sandeces dijo!*] *¡Que baile!* [compárese con: *¡Qué baile!*] *¡Que me pilla!* En las dos oraciones entre corchetes usamos *que* en sentido ponderativo, mientras que en las tres restantes no tiene función definida, si no se le atribuye la de conjunción que enlaza lo que se expresa con algo que se omite, a saber: *¡Vale más que no diga más sandeces! ¡Queremos que baile! ¡Socorro, que me pilla!* Por otra parte, no hay equívoco posible, ya que el *qué* acentuado de las dos oraciones antedichas puede sustituirse, el primero por *¡Cuántas sandeces!*, y el segundo por *¡Vaya baile!*, mientras el de las otras tres es vocablo átono que incluso puede suprimirse.

Quien/quién (sing. y pl.). Se acentúa cuando se usa en interrogaciones o en sentido interrogativo, dubitativo, investigativo y ponderativo: *¿Quién es usted? Pregúntale quiénes fueron los que le acompañaron. No saben a quién agradecer tanta amabilidad. Miró hacia atrás para ver quiénes eran sus amigos. ¡Quién me lo iba a decir!*

También se acentúa en cláusulas distributivas: *Quién escogía las encarnadas, quién las amarillas.*

En los demás casos no se acentúa: *Quienes esto te aconsejan, te quieren mal. Vino acompañado de sus padres, quienes se interesaron mucho por Paquita. Soy el mismo Montesinos, de quien la cueva toma nombre. Conozco a quien regalaste las flores* [conozco a la persona a quien.]

Se/sé. Se acentúa cuando es persona del verbo *saber; Ya sé que no fuiste tú. No sé cuándo acabará el partido.*

También se acentúa cuando es persona del verbo *ser*: *Sé prudente, hijo mío.*

No se acentúa cuando es pronombre: *Se dice que se suicidó. Se lo diré mañana. Juan se lo comió todo. Se vistió en un santiamén.*

Si/sí. No se acentúa cuando es sustantivo y designa la séptima nota de la escala musical.

No se acentúa cuando es conjunción: *Si lo desea, dáselo. No sé si se lo di a Juan. Si te quedas me alegraré. Dime si sale alguien.*

No se acentúa cuando a principio de cláusula es dubitativo o enfático: *¡Si me lo aceptara! ¿Si estaré yo equivocado? ¡Si no puede ser!*

Se acentúa cuando es adverbio de afirmación: *¿Lo quieres? Sí. Por sí o por no. Aquello sí que le puso en ridículo.*

Se acentúa cuando, como adverbio, se sustantiva: *El sí de las niñas. Le dio el sí.*

Se acentúa cuando es pronombre reflexivo de 3.ª persona: *Por sí y ante sí. Para sí. Amar al prójimo es amarse a sí mismo. Juan volvió en sí.*

Solo/sólo. No se acentúa cuando es sustantivo: *El guitarra ejecutó un solo que demostraba su virtuosismo.*

No se acentúa cuando es adjetivo: *Un solo obstáculo bastó para que desistiera. Una sola cosa le interesa. Se sentía tan solo, que se marchó. La muchacha estaba sola.*

Se acentúa cuando es adverbio y equivale a «solamente»:[3] *Sólo tú y él podéis hacerlo. Tan sólo Juan puede haberlo dicho.*

Te/té. No se acentúa cuando es el nombre de la letra *t.*

No se acentúa cuando es acusativo o dativo del pronombre personal de segunda persona en singular: *Cada día te veo por la calle. Te lo doy como recompensa.*

Se acentúa cuando designa «un arbusto con cuyas hojas se hace una infusión», y cuando designa la «infusión» misma: *En ciertos países se acostumbra a tomar el té cada tarde. El té es un arbusto muy común en Extremo Oriente.*

Tú/tu. Se acentúa cuando es nominativo y vocativo del pronombre personal de segunda persona en singular: *Tú te lo guisas y tú te lo comes. ¡Tú, no te alejes tanto!*

No se acentúa cuando es adjetivo posesivo: *Tu corbata no gustó a Juanito. Tus pies son enormes.*

ALGUNAS CUESTIONES DUDOSAS DE ACENTUACIÓN

1. *No deben llevar acento* los siguientes vocablos:

    — *da* (monosílabo, del verbo *dar*);
    — *di* (monosílabo, del verbo *dar*);
    — *di* (monosílabo, del verbo *decir*);
    — *esto, eso aquello* (pronombres demostrativos neutros);
    — *fe* (monosílabo, sustantivo);
    — *fue, fui, vio* y *dio* (también monosílabos);
    — *sal* (monosílabo, del verbo *salir*);
    — *sal* (monosílabo, sustantivo);
    — *ti* (monosílabo, pronombre personal dativo de segunda persona);
    — *va* (monosílabo, del verbo *ir*);
    — *ve* (monosílabo, del verbo *ir*);

---

3. Respecto a la palabra *solo*, la Academia dice que, en función adverbial, podrá llevar acento ortográfico si con ello se ha de evitar una ambigüedad.

— *ve* (monosílabo, del verbo *ver*);
— *vi* (monosílabo, del verbo *ver*);
— las palabras agudas terminadas en los diptongos *au, eu, ou*, porque dichas terminaciones son de origen catalán y en esta lengua no se acentúan;
— los nombres propios *Feijoo, Campoo*;
— los vocablos terminados en *y: carey, rey, virrey, convoy,* etc.

2. Las letras mayúsculas (y también las denominadas *versalitas*) deben acentuarse exactamente igual que se hace con las minúsculas, siempre que la herramienta de escritura lo permita.

3. La conjunción *o* sólo lleva tilde en textos manuscritos cuando aparece entre números, para no confundirla con el cero; cuando se trata de escritura mecanográfica o de caracteres de imprenta, no hay necesidad de emplear esta tilde superflua, pues la *o* se distingue tipográficamente del cero y no hay posibilidad de confusión (sólo podría darse en algunos tipos de letras).

13

Ortografía de las consonantes

LA *B* Y LA *V*

1. Se escriben con *b*:

— Las palabras que comienzan con los prefijos *ab-, ob-, sub-*. Si a ellos sigue el mismo sonido, se escribirá con *v: subvertir, obvio*.
— Las palabras que terminan en *-bilidad* y en *-bundo -bunda: contabilidad, posibilidad, nauseabundo.*
 Excepciones: civilidad y *movilidad*.
— Los verbos que terminan en *-buir* y en *-bir: distribuir atribuir, recibir, percibir.*
— *Excepciones: hervir, servir vivir*, junto con derivados y compuestos.
— Las palabras que tienen las sílabas iniciales *bu-, bur-* y *bus-: buzo, bula, burdo, burla, buscar, busto.*
— Las palabras derivadas de la raíz *bibl-* («libro»): *biblioteca, bibliómano*.
— Las desinencias del pretérito imperfecto de indicativo de los verbos de 1.ª conjugación, *-aba, -abas, -abar: esperaba, copiabas, señalaban.*
— Las palabras en las que *b* precede a *l* o *r* más vocal: *noble, doblar, sobre, abreviar, abrumar.*
— El prefijo *bi-* y sus variantes *bis-* o *biz-* («dos veces»: *bimestre, bisabuelo, bizcocho.*
— El prefijo *bene-* «bien»): *benemérito, benefactor, beneficio.*

2. Se escriben con *v*:

— Las palabras que terminan en *-ivo, -evo, -avo* (y su femenino *-ava*), y *-ave* (con excepción de *sílaba* y *árabe*): *cautivo, iniciativa, doceava, nave, nueva.*
 Excepción: recibo.

— Las palabras que comienzan por *vir-: virgen, viril, virtual, virtud.*
— El verbo *venir* y sus componentes y derivados: *prevenir, contravenir, sobrevenir.*

LA *C* Y LA *Z*

1. Se escribe *c* delante de *e, i: cerebro, cigüeña.*

2. Se escribe *z delante de a, o, u: zapato, zopenco, zueco.*

Existen palabras de idéntica pronunciación (homófonas), cuya diferencia de significado viene determinada por un componente ortográfico. Así, encontramos palabras que varían su sentido según se escribe con *b* o *v, s* o *x,* o con o sin *h.*

Igualmente, encontramos en la lengua palabras de grafía casi idéntica y distinto significado, que pueden dar lugar a importantes confusiones. Para superar estas y otras dificultades e incorrecciones, nos remitimos al libro *Cómo evitar los errores más frecuentes en castellano,* de Editorial De Vecchi, que de una forma sencilla y práctica le permitirá resolver dudas en torno al uso de la lengua, evitar los errores más habituales en el castellano y enriquecer su vocabulario, complementando lo que aquí se expone sobre gramática española.

LA *G* Y LA *J*

1. Se escriben con *g:*

— Las palabras que tengan la sílaba *geo* como prefijo o como sufijo, o bien en mitad de palabra (infijo): *geografía, perigeo, gente, origen.*
— Los verbos que terminan en *-ger, -gir: coger, proteger, corregir, mugir, rugir, surgir.*
   Excepciones: tejer, crujir
— Las palabras que terminan en *-gia, -gio, -ginio* y *-ginia, -gioso: nostalgia, colegio, presagio, religión, misoginia, Higinio, contagioso.*
— Una palabra que presente el sonido de *j* y que se derive de otro que no presenta dicho sonido: derivado de *ley: legítimo;* derivado de *leer: legible.*

2. Se escriben con *j:*

— Las palabras que terminan en *-aje: salvaje, carruaje, garaje.*
   Excepción: ambage.
— Las palabras que terminan en *-jero, -jería: extranjero, mensajero, cajero pasajero, granjería, cerrajería, brujería.*
   Excepciones: ligero, flamígero, belígero.

— Las formas de verbos que terminan en *-cir* en las que aparezca el sonido de *j*: *traducir: tradujera, deducir: dedujo, decir: dijo.*

LA *H*

Se escriben con *h*:

— Las palabras que comienzan con *hue-*, *hie-*, y sus derivados y compuestos: *hueco, hueso: deshuesar, hielo: deshielo.*
— Las palabras que contienen los prefijos *hiper-*, *hipo-*, *hidro-*, *hetero-*, *homo-*: *hipérbole, hipócrita, hidrófilo, heterodoxo, homogéneo.*
— Las palabras que se inician con *her-* y *hosp-*: *hermoso, herir, hospital, hospedería.*
  Excepciones: ermita, Ernesto.
— Las formas *he, has, ha* del verbo *haber*. (Recuerde que se utilizan en el pretérito perfecto, seguidas por los participios, que terminan en *-ado* o *-ido*.) Ejemplos: *he sabido, has trazado, han venido.*

LA *M* Y LA *N*

1. Se usa *m* delante de *p* o *b*: *emblema, cambio, imprenta, tiempo.*

2. Se usa *n* delante de *d* y *t* y *v*: *contra, entrar, sondeo, inversión.*

LA *R* Y LA *RR*

1. La grafía *r* representa el sonido fuerte (doble) a comienzo de palabra o débil (simple) detrás de *l*, *n* o *s: alrededor, enredo, desrizar.*

2. La grafía *rr*, representa el sonido fuerte en posición intervocálica: *derribo, arremeter, derrochar.*

14

Reglas de puntuación

La puntuación es un recurso gráfico que permite reflejar en el papel las modulaciones, tonos e intenciones de la lengua oral.

Puntuar un escrito no es tarea sencilla, pues supone conjugar unos pocos signos de puntuación, que interfieren y se relacionan entre sí, atendiendo a la sintaxis, la entonación (que el texto tendría si se pronunciara), el gusto personal en los casos de puntuación opcional, y la longitud de un determinado fragmento.

No obstante, en este capítulo intentaremos poner al alcance de todos las principales normas de puntuación de la lengua española y acabar con el mito de que puntuar correctamente es coto privado de los profesionales de las letras.

LA COMA

La coma (,) es un signo de utilización compleja. Exceptuando los casos de coma obligada *(coma gramatical)*, se puede añadir o suprimir sin que, en principio, se altere el sentido. Sólo habrá variado el ritmo de la lectura y la entonación.

La coma, contrariamente a lo que muchos creen, no indica únicamente pausa para respirar o cambio de entonación; *debe usarse* también *con los siguientes objetivos:*

1. Para separa elementos de la oración o sintagma, sintagmas dentro de una oración u creaciones dentro de un período:

   — Enumeraciones: *Es dulce, delicada y atenta. Trajo dulces, pastas, bizcochos, chocolate, etc.*
   — Vocativos: *¡Virgencita, ampárame en este trance!*
   — Adverbios, conjunciones y locuciones: *Se hace bien lo que se hace por gusto, y viceversa. Por supuesto, pagué yo la cuenta.*

— Alteración del orden gramatical:[4] *No sabe nada de coches, este mecánico. El año pasado, la abuela volvió del pueblo.*

— Cláusulas absolutas: *Muerto el perro, se acabó la rabia.*

— Oraciones correlativas, disyuntivas y compuestas: *Hoy ríen, mañana llorarán. El niño ya ríe, ya llora. Si no has de venir, avisa. No sólo no come, sino que no deja comer. Te lo diré, ya que tanto insistes.*

2. Cuando lo imponga el sentido *(coma de sentido)*, en oraciones y períodos que, sin ella, podrían interpretarse de otro modo o resultar ambiguos: *Murió, naturalmente* [en lugar de: *Murió naturalmente*, es decir, de forma natural]. El *hijo, que vive en París, no pudo venir* [por las comas se deduce que sólo tiene un hijo, mientras que en: *El hijo que vive en París no pudo venir,* la ausencia de comas da a entender que tiene varios hijos, uno de los cuales vive en París]. *Louis Pasteur aplica, por primera vez con éxito, la vacuna contra la rabia* [En lugar de: *Louis Pasteur aplica, por primera vez, con éxito, la vacuna contra la rabia,* donde se entiende que no la ha aplicado antes, como ocurría en el caso anterior].

3. Para encerrar incisos o aclaraciones: *El señor González, senador por Almería, no quiso hacer declaraciones. María, que trabajaba de secretaria, se dedica ahora a las relaciones públicas. Don Anastasio Pérez, hijo, acaba de llegar en viaje de negocios. Don Anastasio Pérez, padre, lo hará próximamente.*

4. Para señalar omisiones, generalmente de verbos: *A unos les gusta leer; a otros,* [les gusta] *jugar. El testimonio,* [es] *espejismo de la realidad.*

5. Para desempeñar algunos oficios técnicos, como separar los enteros y los decimales en las cantidades *(coma decimal)*: *La bolsa de Madrid ha subido 1,5 enteros.*

6. Se separa con coma el lugar desde donde se escribe una carta u otro escrito, de la fecha que le sigue: *Barcelona, 29 de abril de 1992.*

7. Se usa como para separar un enunciado de la numeración que le corresponde, se mencione u omita la palabra *número* o su abreviación; por ejemplo, en los nombres de calles, plazas, paseos, etc.: *calle Obispo Zulueta, 203; plaza de la Independencia, 4; avenida Infanta Carlota, 408.*

Se omite la coma:

1. Antes de abrir paréntesis, menos o corchetes que funcionan como inciso, y antes de puntos suspensivos: *Los candidatos (había más de diez), antes de retirarte, declararon que... La situación era..., este..., un tanto peculiar.*

---

4. El orden normal de colocación en español es: sujeto, verbo, complemento directo o predicado nominal, complemento indirecto y complementos circunstanciales.

2. Entre el sujeto y el verbo o entre el verbo y el predicado, salvo que en uno y otro caso se intercalen oraciones incidentales: *El uso de la coma depende, como ya se dijo, de diversos factores.*
   Atención: en algunos casos de sujeto extenso y muy explicativo, la coma no sólo puede, sino que debe colocarse entre el sujeto y el verbo: *Las mujeres que habían madrugado y aguantado a la intemperie un tiempo infernal, no quisieron cederles el lugar a las que llegaron más tarde.*

3. No llevan coma las duplicaciones de palabras: *Me gusta el café café.*

4. No se pone coma después de *pero* cuando precede a interrogación: *Pero ¿no es esto lo que querías?*

5. Se omite la coma entre el enunciado y la numeración que le corresponde en los apartados de correos, las leyes y decretos y los elementos químicos: *apartado 426, ley 28/1980; real decreto 5/1981.*

EL PUNTO Y COMA

Es difícil dar normas concretas para el uso del punto y coma (;). Por regla general:

1. Delimita, como el punto, pero de forma más suave; las sintagmas u oraciones que separa guardan una relación más estrecha que los separados por punto: *Cae la nieve. El frío es intenso. Cae la nieve; los helados copos provocan un frío intenso.*

2. Cuando se enumeran varios elementos y estos pueden agruparse por una cierta similitud, se separan estos grupos con punto y coma, y con coma los elementos que constituyen cada grupo: *La mañana es gris, fría, húmeda; ruidosa y agitada.*

3. *Sin embargo* y *no obstante* van detrás de punto y coma cuando van precedidos de un párrafo largo (también pueden seguir a un punto): *No me gusta el autor ruso que me aconsejas en tu carta; sin embargo, suelo leer con gran deleite a Tolstoi.*

EL PUNTO

El punto (.) separa frases independientes e indica pausa completa. *Se utiliza el punto*:

1. Cuando dos oraciones son completamente independientes, van separadas por un punto: *Mañana me caso. La boda se celebrará en la parroquia donde me bautizaron.*

2. Después de una abreviatura, en cuyo caso la palabra siguiente no lleva mayúscula, a menos que ortográficamente lo requiera: *A la atención del Sr. Barreiro, encargado del Depto. de Contabilidad.*

3. Para separar párrafos. Hay que cambiar de párrafo al expresar una idea distinta.

4. Para separar las horas de los minutos en la expresión horaria escrita con números: *El talgo con destino París sale a las 10.25 h.*

Se omite el punto:

1. Detrás de los símbolos de magnitudes (*v, h...*; es decir: *velocidad, altura...*) y de unidades de medida (*m, l...*; es decir: *metro, litro...*).

2. Siempre que no se dé pie a confusión, se separan con un espacio fino, no con punto, los grupos de tres cifras en números superiores a tres cifras (es decir, a partir de mil). No obstante, muchos autores recomiendan evitar confusiones poniendo punto en las cantidades que no sean años *(3.456 facturas impagadas)* y eliminando el punto o el espacio separatorio en los años *(Colón descubrió América en 1492).*

LOS DOS PUNTOS

Los dos puntos (:) denotan una pausa intermedia entre la de la coma y la del punto. Se usa este signo:

1. Antes de una enumeración: *El aceite se compone de dos elementos: carbono e hidrógeno.*

2. Antes de las conclusiones, consecuencias o resúmenes: *Hoy no hay cáncer más terrible que la droga: por la droga se mata; por la droga se miente; la droga arruina la estabilidad de las familias.*

3. Después de *a saber, así, por ejemplo, es decir, o sea, esto es, verbigracia, del siguiente modo,* o cuando se omiten tales expresiones.

4. Para introducir una cita textual directa: *La Ley de Arrendamientos Urbanos dice: «Cuando el arrendamiento no lo fuere de industria o negocio, si la finalidad del contrato es el establecimiento por el arrendatario de su propio negocio o industria, quedará comprendido dentro de la presente ley, conceptuado como arrendamiento de local de negocio [...]».*

5. Después de las fórmulas de cortesía con que comienzan las cartas, notas, discursos, instancias, etc.: *Muy señor mío: Por la presente tengo el gusto de comunicarle... Señor Presidente: Tenemos el placer de dirigirnos a usted... Señoras y señores: La memoria que vamos a leer a continuación...*

   Normalmente, el texto que sigue a los dos puntos comienza en párrafo aparte.

6. En leyes, decretos, resoluciones, bandos, títulos, convocatorias, acuerdos, sentencias, certificaciones, actas, memoriales, instancias y escritos y semejantes, los dos puntos se colocan después de las expresiones *Certifica, Decreta, Hago [Hace] saber, Resuelve, Dispone, Expone, Acuerda, Comunica, Suplica,* etc. El texto a que estas voces se refieren comienza siempre en párrafo aparte.

   Después de dos puntos se escribe mayúscula en todos los casos, salvo en los especificados en los *apartados 1, 2, y 3.*

LOS PUNTOS SUSPENSIVOS

Signo de puntuación consistente en tres puntos seguidos (...), nunca más, situados en línea y sin espacios entre sí. La pausa a que dan lugar es igual a la del punto, por lo que nunca van seguidos de este signo. Se pondrán puntos suspensivos:

1. Cuando el discurso se interrumpe porque lo que sigue se da por sobreentendido.

2. Cuando la palabra que sigue es malsonante o no deseamos mencionarla: *El conductor, en un arrebato de cólera, se detuvo y dijo que Fulano era un hijo de...*

3. Cuando se quiere sorprender al lector con una salida inesperada: *Y después de tanta presentación, resultó que el invitado era... ¡un burro!*

4. Para expresar estados anímicos como duda, temor, expectación, emoción, etc.: *¿Sabe lo de su mujer?... Tenía que decirte..., ¡ejem...!, que tu madre...*

5. En una enumeración, para indicar que podrían citarse más datos semejantes a los enunciados, o de la misma serie, que el que escribe supone conocidos o intuidos por el lector. En este caso, hace las veces de *etcétera.*

6. Cuando el discurso queda en suspenso: *¿Pero no decías que...?*

EL PARÉNTESIS

El paréntesis [( )] se utiliza para encerrar oraciones o sintagmas incidentales, palabras, cifras, etc., aclaratorios, sin enlace necesario con los restantes miembros del período (cuyo sentido interrumpe pero no altera). Se usa en los siguientes casos:

1. Para aislar elementos no absolutamente necesarios, como las explicaciones, aclaraciones, incisos, etc.: Don Quijote de la Mancha *(obra cumbre de Cervantes) será llevada al cine.*

    Cuando el inciso es una frase completa, el punto va dentro del paréntesis: *Todas las mañanas tomo al menos dos cafés con leche. (Tengo esta costumbre desde hace años.)*

2. Para encerrar datos numéricos aclaratorios: *La Giralda de Sevilla* (1184-1198; 97,52 m)...

3. Para indicar los datos toponímicos (nombres de provincias, estados, departamentos, repúblicas, naciones...) que comprenden a otros de menor entidad: *El puerto de Cartagena (Murcia) es uno de los más importantes de España. En Cambridge (Massachusetts, EE. UU.) Se instaló la primera imprenta estadounidense.*

4. Se encierran entre paréntesis las siglas cuando siguen a un enunciado, o, a la inversa, el enunciado cuando sigue a la sigla: *Ayer se celebró en la Organización de Estados Americanos (OEA) la decimoquinta sesión. Ayer se celebró en la OEA (Organización de Estados Americanos) la decimoquinta sesión.*

5. Las citas directas en idiomas extranjeros suelen ir seguidas de su traducción al español entre paréntesis.

6. En la numeración de párrafos y apartados de un texto suele usarse solamente el paréntesis de cierre: *1), 2), 3)*; o bien: *a), b), c)*.

EL GUIÓN LARGO O «MENOS»

El guión largo o menos (—) se usa:

1. Al transcribir una conversación o diálogo, cada vez que se cambia de interlocutor:

    — *Me voy —dijo María de pronto.*
    — *Espera, por favor.*
    — *Tengo prisa —insistió ella—. ¡Adiós! —Y se marchó.*

2. Se usan dos guiones para encerrar, entre ellos, cualquier inciso. Esta función también es propia, como se ha visto, de las comas y los paréntesis; sin embargo, hay ciertos matices y usos en que no es indiferente el empleo de unos u

otros. Por el grado de dependencia del texto incidental con el resto del período, el orden, de mayor a menor, es: comas, menos y paréntesis. En diálogos, sin embargo, los incisos siempre se encierran entre guiones largos, como se ha visto en los ejemplos del párrafo anterior.

EL GUIÓN CORTO

El guión corto (-) tiene en español tres funciones principales:

1. Unir palabras compuestas o que mantienen entre sí algún grado de dependencia *(guión morfológico, léxico o lexical): Se oye el tic-tac del reloj. Se llevará a cabo un estudio teórico-crítico de esta obra. Desde hace años vive en Aix-en-Provence (Francia). Estoy leyendo una obra de Jean-Jacques Rousseau.*

2. Relacionar unas con otras dos o más palabras, números, etc. *(guión prepositivo): La distancia foco-placa* [entre el foco y la placa]. *La guerra civil española (1936-1939)* [de 1936 a 1939] *enfrentó a hermanos contra hermanos. Vive en la calle Santander, 21-23. En Los Ángeles-84, la mejor marca de salto de longitud no logró superar el récord establecido por Bob Beamon en México-68.*

3. Indicar la división de una palabra que no cabe entera en la línea o renglón (v. «Reglas de división de palabras a final de renglón»), o la separación en sílabas de una palabra (v. «Reglas de división silábica»).

LAS COMILLAS

Las comillas (« ») se aplican en los siguientes casos:

1. Para indicar que un texto es cita directa: *Dijo Selgas: «Se puede vivir sin dinero y sin crédito, pero no sin esperanzas».*

   En una cita extensa se ponen comillas de cierre (») llamadas *comillas de seguir,* al comienzo de cada párrafo, manteniéndose las de apertura («) del inicio de la cita y las de cierre del final.

2. Cuando una palabra está utilizada en un sentido especial (burlesco, irónico, impropio, etc.): *El «pofesor» no «zabe» nada de matemáticas. He alquilado una furgoneta «dos caballos».*

3. Para encerrar las citas de títulos de partes importantes de obras o publicaciones (los títulos generales de obras y los nombres propios de publicaciones, van subrayados o en letra cursiva), como capítulos, partes, artículos, noticias, trabajos, etcétera.: *En el capítulo 6, «Función de metales» del libro* Introducción a la ingeniería metalúrgica...

4. Para citar títulos genéricos de series y ciclos televisivos (los títulos específicos de cada emisión se escriben subrayados o en letra cursiva): *Esta noche, dentro de «Ciclo Humphrey Bogart», podrán ver la película* Casablanca.

5. Cuando hacemos referencia a cursos, conferencias y discursos: *Esta tarde asistiré al curso «Introducción a la literatura española contemporánea» para oír una conferencia que promete ser muy interesante: «La generación del 98».*

INTERROGACIÓN Y EXCLAMACIÓN

Los signos de interrogación y exclamación son signos de entonación compuestos de dos elementos: el principio de interrogación o exclamación, con punto suprascrito y abertura a la derecha (¿, ¡), y el de final de interrogación o exclamación, con subpunto, que al final de frase hace las veces de punto, y abertura a la izquierda (?, !). Hay que precisar:

1. Se utiliza el signo de admiración o exclamación al principio y al final de frases interrogativas directas, o de oraciones exclamativas e interjecciones; *¿Se puede saber qué pasa? ¡Virgen del Amor Hermoso, qué desastre! ¡Ay! Si tu madre lo supiera...*

2. Si se dan varias oraciones interrogativas breves seguidas, sólo la primera empezará por mayúscula: *¿Por qué te comportas así?; ¿qué te hizo ella?, ¿qué te hice yo?*

3. El signo de interrogación o exclamación se pondrá donde empiece la pregunta o admiración, aunque no coincida con el comienzo de la frase: *Dime, Juan, ¿qué intenciones tienes?*

4. En las frases que sean al mismo tiempo interrogativas y exclamativas se pondrá interrogación a principio y admiración al final, o a la inversa: *¿Qué has hecho, Dios mío! ¡Que no sea yo capaz de arreglar esto, Señor?*

5. No conviene englobar signos exclamativos dentro de signos interrogativos, y viceversa: *¡No estoy para nadie! ¿lo oyes?* [en lugar de: *¡No estoy para nadie, ¿lo oyes?!*]

DIÉRESIS

Se pone diéresis (¨) sobre la *u* de las sílabas *gue, gui,* para indicar que en ambas ha de pronunciarse esta vocal: *cigüeña, güira.*

15

Las mayúsculas

El tema ortográfico de mayúsculas y minúsculas es el menos fijado en el idioma español. Existen, por parte de la RAE, unas normas a todas luces insuficientes y, en algunos casos, contradictorias. A esta falta de coherencia se refieren la gran mayoría de los ortógrafos actuales.

A pesar de la dificultad que supone establecer un cierto criterio para el uso de la mayúscula, daremos aquí algunas pautas sistemáticas de aplicación que se alejan de la pura subjetividad y el capricho con que muchos administran su uso.

La letra inicial ha de ser mayúscula en los siguientes casos:

1. Al principio de un escrito y después de punto.

2. Cuando se trate de nombres propios (antropónimos, apellidos, apodos, títulos de obras —si es un periódico o revista todos los nombres y adjetivos que lo formen— topónimos, cosmónimos, nombres propios de animales, marcas, modelos y patentes registradas, edificios, establecimientos, monumentos, instituciones, entidades, congresos, exposiciones, nombres específicos de leyes, decretos, premios y condecoraciones, movimientos religiosos y culturales, etc.): *Pedro, Pérez, «La Celestina», «La Vanguardia», Azorín, Tajo, Valencia, avenida del General Perón, Marte, Rocinante, Seat Toledo, Empire State, El Corte Inglés, la Sagrada Familia, iglesia de San Julián, Gobierno Civil, Editorial De Vecchi, Jornadas sobre hipertensión arterial, Liber 81, ley de Prensa e Imprenta, cruz laureada de San Fernando, Contrarreforma, etc.*

3. Después de los dos puntos, cuando se citan palabras textuales.

4. En los títulos, nombres o apodos que acompañan o califican de modo constante a un nombre propio: *Alfonso X el Sabio; Juan Carlos I, Rey de España.*

5. En los números romanos.

6. En los tratamientos de cortesía, cuando aparecen abreviaos (v. apdo. «Las abreviaturas»).
   Excepción: usted no lleva mayúscula si no va abreviado.

7. En las consonantes dobles en la escritura, *ch* y *ll*, cuando deben ir en mayúscula, sólo se usa la primera de ellas: *Manuel Chorrera* y *Carlos Llopis son los autores de este libro sobre peces y acuarios.*

No debe usarse mayúscula en los nombres de días, meses ni estaciones del año, aunque en otros idiomas, como el inglés, se usen.

16

Los números

Hoy en día, cualquier persona que se dedique al comercio, a la banca o a alguna actividad que esté relacionada con los números, no tendrá dificultad en escribir con guarismos (los signos *0, 1, 2, 3, 4, 5, 6, 7, 8, 9*) un número cualquiera.

El problema es que, si bien somos capaces de escribir correctamente cualquier cantidad en números, nos cuesta bastante transformar esa misma cifra en letras. Y, si no, ahí están los problemas que se presentan al tener que rellenar un cheque o un ingreso en el banco.

Pondremos el ejemplo que citábamos en la introducción a este capítulo: el número 33 814. Su grafía correcta es *treinta y tres mil ochocientos catorce.* ¿Lo habría escrito usted así? Si la respuesta es no, en las páginas que siguen encontrará el modo correcto de escribir los números junto con algunos consejos que le ayudarán.

NÚMEROS CARDINALES

Se llama *número cardinal* al adjetivo numeral que expresa exclusivamente cuántas son las personas o cosas de que se está tratando.

Grafía de los números cardinales

En español, sólo se mencionan con palabras especiales los comprendidos entre *cero* y *quince*, las decenas entre *veinte* y *noventa*, las centenas entre *ciento* y *novecientos*; los *millares*; en cuanto a los *millones*, la RAE sólo registra *millón, billón, trillón* y *cuatrillón*, pero actualmente existen nombres especiales correspondientes al millón elevado a la vigésima potencia (v. cuadro 1).

A partir de *dieciséis*, los numerales se forman por composición, de la siguiente manera: se escriben en una palabra desde el *dieciséis* hasta el *veinte*; a partir de *treinta y uno* hasta el *noventa y nueve*, en tres palabras; desde *ciento*, en dos o más palabras: *ciento uno, ciento treinta y nueve;* los *miles* y *millones*, en dos palabras: *diez mil, cuatro millones.* Las grafías *diez y seis, diez y siete, diez y ocho* y *diez y nueve,* no registradas por el DRAE, deben desecharse en favor de la escritura en una sola voz.

Apócope en los números cardinales

Los números *uno* y *ciento* pierden sus elementos finales cuando preceden a un sustantivo, un adjetivo u otro numeral: *un amigo, un buen amigo, treinta y un mil, un millón; cien amigos, cien buenos amigos, cien mil, cien millones.*

Si la palabra siguiente es femenina, se escribe *una: una amiga, una buena amiga, treinta y una amigas.* Sin embargo, *treinta y una mil pesetas* es forma incorrecta (lo mismo que *veintiuna mil, cuarenta y una mil,* etc.); debe escribirse *treinta y un mil pesetas*; téngase en cuenta que *treinta y un* no se refiere a *pesetas,* sino a *miles*; el hecho de que en esta construcción no se emplee el plural *miles* (como sí se hace con *millones: treinta y un millones*), sino el singular *mil,* propicia el error de hacer femenino el artículo indefinido *un/-a.* Si se escribe *treinta y una pesetas,* se entiende que se trata de *treinta pesetas + una peseta,* es decir, *treinta y una pesetas*; aquí *treinta y una* se refiere a *pesetas,* y por eso el artículo es femenino. No obstante, *treinta y un mil pesetas* se refiere a *treinta mil pesetas + (un) mil pesetas,* es decir, *treinta y un mil pesetas,* donde *treinta y un* se refiere a *miles* y no a *pesetas,* y por ello el artículo debe ir en masculino. Pero, contrariamente, debe escribirse *cien mil una pesetas* (100 001), es decir, *cien mil pesetas + una peseta.*

NÚMEROS ORDINALES

Son los que expresan idea de orden o sucesión, como *primero, sexto, vigésimo octavo,* etc. Dado que los números ordinales y partitivos coinciden en algunas formas (desde el correspondiente a *4* hasta el *10*) y que la formación de los partitivos resulta mucho más sencilla que la de los ordinales, es error habitual y muy extendido utilizar los números partitivos como ordinales a partir de *11,* es decir, *onceavo* por *undécimo* u *onceno, doceavo* por *duodécimo* o *doceno,* etc.

Grafía de los números ordinales

En español, sólo se mencionan con palabras especiales desde el *1.º* hasta el *12.º*; los restantes, tanto menos usados cuanto menos alejados en la serie, se construyen sobre la base de *decimotercero.* A partir del *vigésimo,* el sufijo (terminación) único es -*ésimo: trigésimo, cuadragésimo, milésimo, millonésimo,* etc.

Desde el primero hasta el *decimono(ve)no* se escriben siempre en una sola palabra, pero a partir del *vigésimo primero,* en dos o más. El femenino de los ordinales escritos en dos o más palabras afecta a cada una de ellas; por ejemplo, el de vigésimo tercero es vigésimo tercera; el de *noningentésimo nonagésimo noveno* es *noningentésima nonagésima novena*. Desde *decimotercero* hasta el *decimonoveno* puede afectar al segundo elemento del compuesto: *decimotercera*, o a los dos: *decimatercera*.

Las grafías *decimoprimero* y *decimosegundo* no están registradas por el DRAE, que las sustituye por los cultismos *undécimo* y *duodécimo*, respectivamente. Sin embargo, según señalan tratadistas como Ramón Carnicer o José Martínez de Sousa, no hay ninguna razón objetiva para que aquellas formas, de la misma formación que *decimotercero*, etc., no hayan de considerarse correctas.

Cuando un ordinal se escribe con letras en tres o más palabras, no se usa coma en ningún caso; así, un caso como el del siguiente ejemplo: *noningentésimo, nonagésimo, nono*, sería incorrecto.

Apócope en los números ordinales

En los ordinales, las denominaciones que pueden sufrir apócope son *primero* y *tercero*, que ante sustantivo masculino se convierten en *primer* y *tercer*: *primer acto, tercer acto*. Ante sustantivo femenino, la apócope no se realiza; es, pues, incorrecto escribir *la primer mujer, la tercer manzana*.

CUADRO 1. **NÚMEROS CARDINALES Y ORDINALES**

Cifra	Cardinales	Ordinales
0	cero	
1	uno	primero
2	dos	segundo
3	tres	tercero
4	cuatro	cuarto
5	cinco	quinto
6	seis	sexto, seiseno
7	siete	sé(p)timo, se(p)teno
8	ocho	octavo
9	nueve	no(ve)no
10	diez	décimo, deceno
11	once	undécimo, onceno
12	doce	duodécimo, doceno
13	trece	decimotercero, decimotercio, tredécimo, treceno
14	catorce	decimocuarto, catorceno
15	quince	decimoquinto, quinceno
16	dieciséis	decimosexto, dieciseiseno
17	diecisiete	decimosé(p)timo
18	dieciocho	decimoctavo, diciocheno
19	diecinueve	decimono(ve)no

Cifra	Cardinales	Ordinales
20	veinte	vigésimo, veintésimo, veinteno
21	veintiuno	vigésimo primero
22	veintidós	vigésimo segundo, veintidoseno
23	veintitrés	vigésimo tercero
24	veinticuatro	vigésimo cuarto, veinticuatreno
25	veinticinco	vigésimo quinto
26	veintiséis	vigésimo sexto, veintiseiseno, veinteseiseno
27	veintisiete	vigésimo sé(p)timo
28	veintiocho	vigésimo octavo, veintiocheno, veinteocheno
29	veintinueve	vigésimo no(ve)no
30	treinta	trigésimo, treinteno
31	treinta y uno	trigésimo primero
32	treinta y dos	trigésimo segundo, treintaidoseno
40	cuarenta	cuadragésimo
41	cuarenta y uno	cuadragésimo primero
50	cincuenta	quincuagésimo, cincuenteno
60	sesenta	sexagésimo
70	setenta	septuagésimo
80	ochenta	octogésimo, ochenteno
90	noventa	nonagésimo
100	ciento	centésimo, centeno
101	ciento uno	centésimo primero
102	ciento dos	centésimo segundo
200	doscientos	ducentésimo
202	doscientos dos	ducentésimo segundo
300	trescientos	tricentésimo
400	cuatrocientos	cuadringentésimo
500	quinientos	quingentésimo
600	seiscientos	sexcentésimo
700	setecientos	septingentésimo
800	ochocientos	octingentésimo
900	novecientos	noningentésimo
999	novecientos noventa y nueve	noningentésimo nonagésimo no(ve)no
1 000	mil	milésimo
2 000	dos mil	dosmilésimo
3 000	tres mil	tresmilésimo
4 000	cuatro mil	cuatromilésimo
5 000	cinco mil	cincomilésimo
6 000	seis mil	seismilésimo
7 000	siete mil	sietemilésimo
8 000	ocho il	ochomilésimo
9 000	nueve mil	nuevemilésimo
10 000	diez mil	diezmilésimo
100 000	cien mil	cienmilésimo
500 000	quinientos mil	quinientosmilésimo
10^6	millón	millonésimo
10^7	diez millones	diezmillonésimo
10^8	cien millones	cienmillonésimo

Cifra	Cardinales	Ordinales
10^{10}	diez mil millones	diezmilmillonésimo
10^{11}	cien mil millones	cienmillonésimo
10^{12}	billón	billonésimo
10^{18}	trillón	trillonésimo
10^{24}	cuatrillón	cuatrillonésimo
10^{30}	quintillón	quintillonésimo
10^{36}	sextillón	sextillonésimo
10^{42}	septillón	septillonésimo
10^{48}	octillón	octillonésimo
10^{54}	nonillón	nonillonésimo
10^{60}	decillón	decillonésimo
10^{66}	undecillón	undecillonésimo
10^{72}	duodecillón	duodecillonésimo
10^{78}	tredecillón	tredecillonésimo
10^{84}	cuatordecillón	cuatordecillonésimo
10^{90}	quindecillón	quindecillonésimo
10^{96}	sexdecillón	sexdecillonésimo
10^{102}	septendecillón	septendecillonésimo
10^{108}	octodecillón	octodecillonésimo
10^{114}	novendecillón	novendecillonésimo
10^{120}	vigintillón	vigintillonésimo

NÚMEROS PARTITIVOS O FRACCIONALES

Son los que expresan idea de división, como *la mitad, un cuarto, un quinceavo*, etcétera.

Grafía de los números partitivos o fraccionales

En español tienen nombres especiales desde los correspondientes a 2 hasta 10; los restantes se forman por composición del nombre del número cardinal más la terminación *-avo*: *onceavo, treceavo, dieciseisavo* (v. cuadro 2).

Pueden utilizarse como partitivos los números ordinales de terminación *-ésimo*: *la nonagésima parte*. (Recordemos que es incorrecto el uso inverso, es decir, usar formas de partitivo como ordinales.) También puede emplearse la numeración cardinal, sobre todo en la lectura de quebrados: 25/1378 puede leerse *veinticinco partido por mil trescientos setenta y ocho*.

Desde *2* hasta *100*, la grafía es en una sola palabra: *sesentaicuatroavo, ochentaidosavo, noventaitresavo*. A partir de *101*, en dos o más palabras (es decir, se escribe el número cardinal, añadiendo la terminación *-avo* a la última palabra): *mil cuatrocientos ochentaidosavo, ciento setentaicuatroavo*.

NÚMEROS PROPORCIONALES O MÚLTIPLOS

Son los que expresan idea de multiplicación: *doble, quíntuplo, terciodécuplo*.

Grafía de los números proporcionales

La RAE registra en su diccionario dos grafías para estos numerales: los que acaban en *-ple: triple, cuádruple, óctuple* —en su *Esbozo de una nueva gramática de la lengua española* (ENGLE) añade *quíntuple*— y los que terminan en *-plo*. El ENGLE dice que estos últimos son «de uso poco frecuente y casi exclusivamente literario». No obstante, la serie de los terminados en *-plo* es más completa que la de los terminados en *-ple*, por lo que su uso parece recomendable.

CUADRO 2. **NÚMEROS PARTITIVOS Y PROPORCIONALES**

Partitivos o fraccionarios		*Proporcionales o múltiplos*
2	mitad	doble, duplo, dúplice
3	tercio	triple, triplo, tríplice
4	cuarto	cuádruple, cuádruplo
5	quinto	quíntuplo
6	sexto, seisavo	séxtuplo
7	sé(p)timo, se(p)teno	séptuplo
8	octavo	óctuble, óctuplo
9	noveno	nónuplo
10	décimo	décuplo
11	onceavo, onzavo	undécuplo
12	doceavo, dozavo	duodécuplo
13	treceavo, trezavo	terciodécuplo
15	quinceavo, quinzavo	
16	dieciseisavo	
17	diecisieteavo	
18	dieciochoavo, dieciochavo	
19	diecinueveavo	
20	veinteavo, veintavo, veinteno, veintésimo	
21	veintiunavo	
22	veintidosavo	
30	treintavo	
32	treintaidosavo	
33	treintaitresavo	
40	cuarentavo	
50	cincuentavo	
60	sesentavo	
64	sesentaicuatroavo	
70	setentavo	
80	ochentavo	
90	noventavo	
100	céntimo, centavo	céntuplo
1000	milésimo	

17

Las abreviaturas

Una abreviatura es la representación gráfica de una palabra o grupo de palabras con menos letras de las que les corresponden.

CLASES DE ABREVIATURAS

1. *Por* lo que respecta a *su formación*, las abreviaturas pueden ser:

— *regulares* o *por suspensión,*
— *convencionales.*

2. *Según sus constituyentes* pueden ser:

— *simples,*
— *dobles,*
— *compuestas.*

Una misma abreviatura puede reunir más de una característica de un mismo grupo o de ambos grupos (por ejemplo, puede ser doble, convencional y compuesta, como es el caso de *SS. MM.*, «sus majestades»), siempre que estas características no sean excluyentes, como es el caso de *regular* y *convencional*, o *simple* y *doble.*

Son *regulares* o *por suspensión* las abreviaturas que resultan de eliminar (apocopar) la parte final de la palabra, pero conservando de ella más de una letra, entre las que deben contarse la consonante o consonantes cabeza de la sílaba por la que se cercena la voz: *col.* (de *colección* o *columna*), etc.

Son *convencionales* las que se forman con una sola letra, la primera de la palabra, o con varias letras pero sin seguir el orden de estas en la voz. Se subdividen en: a) *abreviatura por siglas*, las que sólo conservan la inicial de la palabra (abreviación por apócope): *A.* (de *autor* o *alteza*), *J.C.* (de *Jesucristo*), etc.; b) *abreviatura por contracción*, es decir, las que resultan de suprimir la parte interna de la palabra (abreviación por síncopa): *Dr.* (de *doctor*), *Cía.* (de *Compañía*), etc.; c) *abreviaturas por signos*, esto es, las que resultan de la sustitución de la palabra por un signo, sea por cifras (*106* por *ciento seis*), sea por cifras y letras (*1.º* por *primero*, o *3.ª* por *tercera*, etc.).

Son *simples* las que abrevian una sola palabra, como *Sr.* por *señor*, *D.* por *don*, etcétera.

Son *dobles* las convencionales que expresan un plural mediante la duplicación de la inicial, como *A.A.* por *alumnos*, *altezas* o *autores*, *JJ.OO.* por *Juegos Olímpicos*, etc.

Son *compuestas* las que abrevian un grupo de palabras, como *Sr. D.* por *señor don*, *S.M.* por *su majestad*, o *b.l.m.* por *besa la mano*.

REGLAS PARA EL USO DE ABREVIATURAS

Cualquiera que sea el escrito en que se inserten, deben tenerse en cuenta las siguientes *reglas generales*:

1. La utilización de abreviaturas debe estar justificada por estos dos motivos: a) repetición excesiva de una palabra o grupo de palabras en un mismo texto; b) eliminación de un número suficiente de letras que haga verdaderamente económica la abreviatura; salvo en los casos de las abreviaturas compuestas (*Sr. D.*, *a.D.g.*, etc.), se considera innecesaria una abreviatura formada mediante una supresión inferior a tres letras, como es el caso de *lib.* por *libro*, o *lug.* por *lugar*.

   Si no se cumplen estas dos premisas, la abreviatura debe desecharse.

2. Para no dar pie a confusiones, en un mismo texto debe evitar usarse dos formas alternativas de abreviar una misma palabra (p. ej.: *Cía.* y *C.* por *Compañía*), así como abreviaturas que se presten a más de una interpretación (p. ej.: *A.*, que puede sustituir a *autor*, a *alumno* o a *alteza*), salvo que el contexto baste para aclarar su significado.

3. No debe utilizarse una abreviatura que pueda confundirse con una palabra distinta de la que se abrevia; por ejemplo, *sta.* o *Sta.* debe ser siempre la abreviatura de *santa*, no de *señorita*, que es *Srta.*

No deben usarse abreviaturas en los siguientes casos:

1. En los versos de una poesía, con la excepción de que sea el propio autor quien las utilice como tema de su poesía.

2. En los títulos de los libros, salvo cuando este es precisamente una abreviatura, como sucede en *A.M.G.D.*, de Ramón Pérez de Ayala.

3. En el correr del texto no deben usarse abreviaturas cuando estas no son complemento de un dato; por ejemplo, es incorrecto escribir *Géneros de punto para Sra.* Por el contrario, si el dato a que se refiere la abreviatura se escribe con letras y no con números, esta tampoco podrá usarse: *Esto le costará quince mil ptas.* es incorrecto; debería escribirse *Esto le costará 15 000 ptas.*, o *Esto le costará quince mil pesetas.*

Las *abreviaturas de tratamientos* tampoco deben usarse en el correr del texto (salvo algunas veces, cuando aparecen entre paréntesis). Por ejemplo, al inicio de una carta, lo correcto es escribir *Muy señor mío*, y no *Muy Sr. mío.*

GRAFÍA DE LAS ABREVIATURAS

El punto abreviativo

Las *abreviaturas* llevan siempre punto, indicativo de que se trata de una palabra abreviada por este procedimiento. Ninguna otra forma de abreviación (como, por ejemplo, los símbolos), lleva punto abreviativo en español.

Cuando *una abreviatura lleva una parte voladita*, el punto se coloca antes de esta parte: *n.º* por *número*, etc.

En cuanto a las *abreviaturas formadas con cifras y letras*, deben llevar en todo caso el punto abreviativo por dos razones: *a*) porque son abreviaturas y no otro tipo cualquiera de abreviación; *b*) porque la omisión del punto abreviativo en estos casos puede llevar a confusión cuando se usan grados; así, si por sistema se omite el punto, *3º* tanto puede significar «tercero» como «tres grados». No es ocioso advertir, por otro lado, que el punto debe colocarse entre la cifra y la letra voladita; así, *por ejemplo, 4.º* y no *4º*.

Atención: en *abreviaturas convencionales dobles* basta un solo punto para el conjunto de las dos letras; así, por ejemplo, debe escribirse *EE. UU.* («Estados Unidos»), y no *E.E.U.U.*, ni tampoco *EE UU* o *EEUU*.

• **El punto abreviativo en coincidencia con otros signos:** *si coincide a final de oración o de párrafo*, el punto abreviativo ocupa el lugar del punto final.

Excepción: el punto abreviativo que se coloca en las abreviaturas formadas por cifras y letras entre la cifra y la letra voladita no desplaza ni reemplaza al punto y seguido, o aparte, que pueda seguirle.

Por lo demás, no excluye a cualquier otro signo que requiera la palabra abreviada: *...etc.?*

Atención: contrariamente a lo que muchos suponen, *en el caso de que coincida con puntos suspensivos*, el punto abreviativo se mantiene, además de aquellos: *l., t., v....*

La barra en las abreviaturas

La RAE registra algunas abreviaturas en las que una barra (/) sustituye al punto abreviativo; tales son, por ejemplo, *c/*, «cargo», *d/fha.*, «días fecha», y *d/v.*, «días vista».

A veces se da conjunción de barra y punto abreviativo, como, por ejemplo en *c/.*, «calle», pero en estos casos hay redundancia de signos, por lo que conviene prescindir de la barra en este tipo de abreviaturas, pues el punto cumple de sobras la función de indicar la abreviación.

Sólo se recomienda el uso de la barra cuando sirve para indicar la abreviación del precomponente de un compuesto, como *s/át.*, «sobreático», o bien en las formas del tipo *d/v.*, como, por ejemplo, *s/n.*, «sin número», *d/f.*, «días fecha», etc.

Mayúscula y minúscula en las abreviaturas

Como regla general, las abreviaturas deben escribirse con la grafía que corresponda a la palabra abreviada (v. ap. «Las mayúsculas»).

No obstante, hay abreviaturas de palabras comunes que se escriben con mayúscula debido a un uso largamente establecido, aunque sin fundamento ortográfico. Este es, por ejemplo, el caso de *P.D.*, «posdata» o de *P.P*, «por poder».

Atención: se escriben con mayúscula las *abreviaturas de tratamiento*, siempre y cuando precedan el prenombre, el apellido o el cargo, según los casos. Cuando los tratamientos son dos o más y seguidos, todos deben ponerse en abreviatura; así, por ejemplo, es incorrecto escribir *Reverendo P. D. Gregorio...* o *Sr. don José...*

El plural de las abreviaturas

Normalmente, cuando se abrevia una palabra en plural, dicho plural debe reflejarse también en su abreviatura.

La formación del plural será distinta, según se trate de abreviatura regular o convencional.

1. En *abreviaturas regulares*, se forma añadiendo *-s* al singular; así, de *pág.*, *págs.*, «páginas»; de *virg.*, *vírgs.*, «vírgenes», etc.

2. En *abreviaturas convencionales*, pueden darse varios casos.

   — Si están constituidos por una sola letra, normalmente esta se duplica para indicar el plural *(abreviaturas convencionales dobles)*: de *f.c.*, *ff.cc.*, «ferrocarriles»; de *p.*, *pp.*, «páginas», etc.

Atención: nunca deben combinarse las dos formas de hacer el plural de una abreviatura: *pps.* por *páginas*, por ejemplo, sería inadmisible.

— Si la *abreviatura* es *de un tiempo verbal*, no admite forma de plural; así, *v.* es abreviatura de *véase* y de *véanse*.

— En las *abreviaturas con letras voladitas*, el plural debe realizarse en estas: de *n.º, n.ºˢ;* , etc.

— En las *abreviaturas por contracción en las que el singular acaba en consonante*, el plural se forma añadiendo el morfema *-es*: de *Dr., Dres.;* de *gral., grales.*; de *Ud., Udes.*, etc.

El género de las abreviaturas

Como es lógico, las abreviaturas deben expresar el género a que pertenecen, que se forma como el de la palabra abreviada: de *Sr., Sra.;* de *Excmo., Excma.*, etc.

Excepción: hay algunas, sin embargo, que pueden utilizarse con valor doble, masculino/femenino; así, por ejemplo, *izq.* puede valer tanto para el masculino como para el femenino; pero si el contexto da pie a confusión, puede construirse de forma que se explicite a qué género se refiere: *izqdo., izqda.*

La tilde en las abreviaturas

Cuando una palabra lleve tilde en una letra que forma parte de la abreviatura, la tilde debe conservarse, sea en forma singular o plural: *ár.*, «árabe» (frente a *ar.*, «aragonés»); *vírgs.*, «vírgenes» (pero no su singular *virg.*, «virgen»), etc.

Falsas abreviaturas

No son abreviaturas, pese a que formen parte de las listas proporcionadas por la RAE y otros autores, las siguientes formas: *a)* los signos; *b)* los símbolos; *c)* las abreviaciones de los puntos cardinales (*norte, sur, este* y *oeste*).

CUADRO 3. **ABREVIATURAS MÁS USUALES**

(a) alias
A. C. año de Cristo
a. C., a. de C. antes de Cristo
a. J. C., a. J. C. antes de Jesucristo
a. m. ante merídiem 'antes del mediodía'
A. T. Antiguo Testamento
AA. autores, altezas
AA. EE. Asuntos Exteriores (Ministerio de)
a/c. a cuenta
ac., acepc. acepción
adm.^{or} administrador
admón. administración
a/f. a favor
afl. afluente
afmo., af.^{mo} afectísimo
alc. alcalde
alm. almacén
alt. altura; altitud
ant. anticuado; antiguo
ap. aparte; apartado; apóstol
arc. arcaísmo
art. artículo
arz., arzpo. arzobispo
át. ático
av., avda. avenida
B. beato; bien
b. l. m., B. L. M. besa la mano
b. l. p., B. L. P. besa los pies
bda. barriada
bl. bloque
Bmo. P. beatísimo padre
c. calle; ciudad; como
c/ cada; cargo; cuenta; calle
C. F. club de fútbol
c. f. s. coste, flete y seguro
C. P. código postal
C.^{a} compañía
ca. circa 'cerca, aproximadamente'
cap. capital; capítulo; capellán; capitán
cast. castellano
cat. catalán
c/c. cuenta corriente
cent., cents. centavos
cénts., cts. céntimos
cf., cfr. confer 'compárese'
cgo. cargo
ch/ cheque
C.^{ía}, cía., Cía. compañía
cit. citado

cje. corretaje
cjón. callejón
cód. código
col. colección; columna; colonia
comp., Comp. compañía
cp. compárese
cta. cuenta; cuesta
cta. cte. cuenta corriente
cte. comandante; corriente
c/u. cada uno
D. don
D.^{a} doña
d. C., d. de C. después de Cristo
d. e. p., D. E. P. descanse en paz
D. g. (a) Dios gracias
d. J. C., d. de J. C. después de Jesucristo
D. L. depósito legal
D. m. Dios mediante
D. N. I. documento nacional de identidad
D. P. distrito postal
dcha. derecha
dep. deporte
der. derivado
desc. descuento
desus. desusado
d/f. días fecha
dib. dibujo
dir. director
doc. docena; documento
dpto. departamento
Dr. doctor
Dra. doctora
dto. descuento
dupdo., dupl. duplicado
d/v. días vista
e/ envío
E. C. era cristiana
e. g. e. en gloria esté
e. p. d., E. P. D. en paz descanse
e. p. m., E. P. M. en propia mano
ed. edición; editor
edit. editorial
ef. efectos
ej. ejemplar; ejemplo
Em.^{g} eminencia
Emmo. eminentísimo
entlo. entresuelo
esc. escalera
escta. escalinata

esp. español; especial; especialmente
etc. etcétera
Exc.ª excelencia
Excmo., Excma. excelentísimo, excelentísima
f. folio
F. fulano
f. c., F. C. ferrocarril
F. de T. Fulano de Tal
fact. factura
fasc. fascículo
fec. fecit 'lo hizo'
fem. femenino
FF. AA. fuerzas armadas
ff. cc., FF. CC. ferrocarriles
fig. figura; figurado
fr. francés; frase
Fr. fray; frey
g/ giro
g. p. giro postal
g. v. gran velocidad
gal. galería
gall. gallego
gen. general
ger. gerundio
gpo. grupo
gr. griego
gral. general
gta. glorieta
h. hacia
H. hermano (religioso)
HH. hermanos (religiosos)
hnos. hermanos
i. inglés
I. ilustre
i. e. id est 'esto es'
ib. ibídem
íd. ídem
Il. ilustre
Ilmo., Ilma. ilustrísimo, ilustrísima
Iltre. ilustre
imp. importante; importe
impr. imprenta
intr., introd. introducción
it. italiano
ít. ítem 'también'
izq., izqda. izquierda
J. C. Jesucristo
k. o., K. O. knock-out 'fuera de combate'
l. ley; libro
L/ letra (comercial)
l. c. lugar citado

l. cit. loco citato 'en el lugar citado' (= *l. c.*)
lat. latín; latitud
lic., Lic. licenciado
licdo., Licdo. licenciado
lit. literal; literalmente; literatura; literaria
loc. locución
long. longitud
Ltda. limitada (sociedad)
m. masculino; muerto
M. madre (superiora)
M. I. Sr. muy ilustre señor
m. n. moneda nacional
máx. máximo
m/c., m/cta. mi cuenta
m/f. mi favor
m/fcha. meses fecha
m/g. mi giro
mil. milicia; militar
mín. mínimo
m/L. mi letra
MM. madres (superioras)
m/o. mi orden
Mons. monseñor
ms., Ms. manuscrito
mss., Mss. manuscritos
mtro., Mtro. maestro
mun. municipal, municipio
m/v. meses vista
n. nacido; nota
n/ nuestro, nuestra
N. B. nota bene 'nótese bien, obsérvese'
N. del E. nota del editor
N. S. Nuestro Señor
N. T. Nuevo Testamento
N. del T. nota del traductor
N.ª S.ª Nuestra Señora
n/c. nuestra cuenta, nuestro cargo
n/cta. nuestra cuenta
neol. neologismo
n/f. nuestro favor
n/g. nuestro giro
n/L. nuestra letra
n/o. nuestra orden
ntro., ntra. nuestro, nuestra
núm. número
o/ orden
o. cit. obra citada
O. M. orden ministerial
OO. MM. órdenes ministeriales
op. opus 'obra' (en música)
op. cit. opere citato 'en la obra citada'
p. página

P. padre (superior); pregunta
p.ª para
p.º paseo
p. a., P. A. por autorización; por ausencia
p. b. peso bruto
P. D. posdata
p. ej. por ejemplo
p. m. post merídiem 'después del mediodía'
P. M. peso máximo
P. M. A. peso máximo autorizado
p. o., P. O. por orden
P. P. porte pagado
P. S. post scríptum 'posdata'
p. v. pequeña velocidad
P. V. P. precio de venta al público
pag. pagaré
pág. página
párr. párrafo
part. particular
pat. patente
pbro. presbítero
p/cta. por cuenta
pdo. pasado
pje. pasaje
pl. plaza
plta. plazoleta
pobl. poblado
port. portugués
pp. páginas
PP. padres (superiores)
ppdo. próximo pasado
pral. principal
pref. prefacio
prep. preposición
presb. presbítero
prof. profesor
prof.ª profesora
pról. prólogo
prov. provincia; provisional
pt. patio
pta. puerta
pta., ptas. peseta, pesetas
pzo. pasadizo
q. b. s. m. que besa su mano
q. b. s. p. que besa sus pies
q. D. g., Q. D. G. que Dios guarde
q. e. g. e. que en gloria esté
q. e. p. d. que en paz descanse
q. e. s. m. que estrecha su mano
q. s. g. h. que santa gloria haya
R. reverendo, reverenda; respuesta

R. D. real decreto
R.I.P. requíescat in pace 'en paz descanse'
R. O. real orden
rda. ronda
Rdo., Rda. reverendo, reverenda
ref. referencia
reg. registro
Rev. reverendo, reverenda
Rmo., Rma. reverendísimo, reverendísima
RR. DD. reales decretos
RR. OO. reales órdenes
Rte. remitente
Rvdo., Rvda., reverendo, reverenda
s. siglo; siguiente
s/ su
S. san, santo
s. a. sin año (de edición)
S. A. sociedad anónima; su alteza
S. A. E. sociedad anónima española
S. A. I. su alteza imperial
S. A. I. C. santa apostólica iglesia catedral
S. A. R. su alteza real
S. A. S. su alteza serenísima
s. c., S. C. su casa
S. en C. sociedad en comandita
S. E. su excelencia
s. e. u. o. salvo error u omisión
s. f. sin fecha
S. I. C. santa iglesia catedral
s. l. sin lugar (de edición); sus labores
S. L. sociedad limitada
S. M. su majestad
S. M. C. su majestad católica
S. M. I. su majestad imperial
S. N. servicio nacional
S. P. servicio público
S. R. C. se ruega contestación
S. R. M. su real majestad
s. s. seguro servidor
S. S. su santidad
s. s. s. su seguro servidor
s. v. sub voce (en el artículo)
s/át. sobreático
s/c. su casa; su cuenta; su cargo
s/cta. su cuenta
sdad. sociedad
Sdad. Lda. sociedad limitada
s/f. su favor
sig. siguiente
sigs. siguientes

s/L. su letra
Smo. santísimo
s/n. sin número (en correspondencia)
s/o. su orden
Sr. señor
Sra. señora
Sres. señores
Srta. señorita
ss. siguientes
SS. AA. sus altezas
SS. AA. II. sus altezas imperiales
SS. AA. RR. sus altezas reales
SS. AA. SS. sus altezas serenísimas
SS. EE. sus excelencias
SS. MM. sus majestades
SS. MM. CC. sus majestades católicas
SS. MM. II. sus majestades imperiales
SS. RR. MM. sus reales majestades
Sto., Sta. santo, santa
t. también; tiempo; tomo
T. tara; traductor
T. A. E. tasa anual equivalente
tb. también
tel., teléf. teléfono
tip. tipografía
tít. título
trad. traducción; traductor; traducido
trav. travesera, travesía
U. usted
Ud. usted
Udes. ustedes
urb. urbanización

UU. ustedes
v. véase; verbo; verso
V. versículo
v. a. véase además
V. A. vuestra alteza
V. A. R. vuestra alteza real
V. E. vuestra excelencia, vuecencia
v. g., v. gr. verbigracia
V. I. vuestra señoría (o usía) ilustrísima
V. M. vuestra majestad
V. P. vuestra paternidad
V. R. vuestra reverencia
V. S. vuestra señoría, usía
V. S. I. vuestra señoría ilustrísima, usía
  ilustrísima
v. t. véase también
V.º B.º visto bueno
var. variable; variante
Vd. usted
vda. viuda
Vdes. ustedes
vers. versículo
vol. volumen
vto., vta. vuelto, vuelta
vtro., vtra. vuestro, vuestra
VV. ustedes
VV. AA. vuestras altezas
VV. AA. RR. vuestras altezas reales
VV. EE. vuestras excelencias
VV. MM. vuestras majestades
W. C. *water closet* 'retrete'
Xto. Cristo

18

Los tratamientos

Dirigirse a una persona que tiene derecho a un tratamiento y no dárselo es una descortesía. No existe unanimidad de criterios respecto a los tratamientos que corresponden a ciertas personas, y recomendamos que en caso de duda entre dos tratamientos se elija el de mayor categoría.

Tratamiento	*Al comienzo del escrito*	*Durante el escrito*	
Majestad	Señor	Vuestra majestad	Reyes
Alteza	Señor	Su alteza real	Príncipes
Excelencia	Excelencia	Vuestra excelencia	Jefes de Estado
Excelencia	Excelentísimo señor	Vuestra excelencia	Ministros, capitanes y tenientes generales, generales con mando, presidentes de Altos Cuerpos, presidentes de Diputaciones, alcaldes de capitales de provincia, rectores de Universidades, gobernadores civiles y militares, embajadores
Señoría	Ilustrísimo señor	Vuestra señoría	Subsecretarios y directores generales de Ministerios, presidentes de Audiencias, delegados provinciales de Ministerios, directores de Escuelas Superiores y Técnicas y de Institutos, jueces de Primera Instancia e Instrucción, coroneles, auditores de guerra, alcaldes de ciudades, decanos, Facultades
Santidad	Santísimo padre	Su santidad	Papa
Eminencia	Eminentísimo y reverendísimo señor	Vuestra excelencia	Cardenales
Vuecencia	Eminentísimo y reverendísimo señor	Vuestra excelencia	Arzobispo, obispos, nuncios
Reverencia	Reverendísimo padre	Vuestra reverencia	Párrocos y sacerdotes

19

Bibliografía

ACADEMIA ESPAÑOLA: *Esbozo de una nueva gramática de la lengua española*, Madrid, 1973.
— *Diccionario de la lengua española*, Madrid, 1992²¹.

EQUIPO DE EXPERTOS 2100: *Qué decir o escribir en cada ocasión,* Barcelona, 1993.

MARTÍNEZ DE SOUSA, José: *Diccionario de ortografía*, Madrid, 1985.
— *Diccionario de redacción y estilo*, Madrid, 1993.

SABATÉ, Emilio: *Para escribir correctamente. Método de gran valor didáctico para resolver las dificultades del idioma*, Barcelona, 1986⁶ (rev. y puesta al día por José M.ª Nebreda).

Índice

6/98

Impreso en España por
LIBERGRAF, S. L.
Constitució, 19.
08014 Barcelona